おいしい朝の記憶

飛田和緒

はじめに

長い間、担当編集者の方から、出版社から、さんざん始めたらいいとすすめられるも、なかなかインスタグラムの世界に入ることができずにおりました。

なぜ？　ひとつは携帯電話の扱いがかなり苦手だということ。今でこそ便利にしているＬＩＮＥもママ友に「かずをさんだけメールするの面倒だからやってくださいよ」って言われて渋々。でもやってみると、なんて楽チンで便利なこと。ただ、グループＬＩＮＥが鳴りっぱなしで、しばらくして見ると１００件超えてるなんてときには「ごめんなさい」とスルーすることも。

そんなわけで携帯電話にマメでないことがインスタに踏み出せなかった大きな理由。そしてインスタには欠かせない肝心な写真が下手くそであること。誰にも見せられないただただメモ代わりに撮ってきたものだけに、いざみなさんに見ていただくことに尻込みしていたのです。

そんな悩みを抱えながら悶々としていたときに、ある講習会に人が集まらずに中止になってしまい、スタッフのみなさんに大変迷惑をかけてしまいました。これがきっかけで自ら発信していかないといけないと大反省し、インスタをスタートすることに。もちろん、ひとりでは何もできず、投稿などの作業は娘に手伝ってもらい、テーマや投稿時間のことなどは諸先輩方からのアドバイスをあおぎました。ズボラなわたしが続けるためには毎日決まったものを投稿することにし、毎日のお弁当と、ときどき夫の朝ごはん弁当も、そして同じ時間帯で作っている朝ごはんをみなさんに見ていただくことに。ちょうど娘が高校生になる頃にスタートしたので、高校3年間の記録にもなり、それをこの一冊にまとめることになりました。

もくじ

車内飯とお弁当

忙しい朝の時間をぬって

毎朝、5時に起床する。
手早く身支度をして、まずは土鍋でご飯を炊き始める。
ご飯を炊く間、6時くらいにはおかずを作り始め、
だいたい7時10分には家を出る。
家を出るまでのわずかな時間にインスタの写真を撮影。
わたしの朝ごはんはお弁当を作っている間に
立ち食いすることが多い。

スロー
ビデオ
ポートレート

2021/2/19 fri.

ある日の車内飯とお弁当

朝ごはんこと車内飯と、
昼ごはんになるお弁当。
忙しい朝の30分ほどの間に
2食分を作る。

◎油揚げの甘辛煮　◎蓮根ハンバーグ
◎ほうれん草の醤油洗い
◎麦ご飯のおむすび　◎焼きたらこ
◎トマトのみそ汁
◎飲むヨーグルト　◎いちご

普段のおかずもお弁当のおかずも区別なし。今朝は3食分のハンバーグを一から作り、お弁当に詰め、残りは冷凍する。普段にも役立つから大中小の大きさで焼き、そのまま食べるほか、黒酢をからめたり、甘酢あんかけにしたり、トマトソースで煮たりする。油揚げの煮物は常備菜。わたしのお昼はこれの卵とじで丼の予定。

#車内飯　#ある日の車内飯とお弁当

2021/2/19 fri.

◎蓮根ハンバーグ
◎梅にんじん
◎ほうれん草の醤油洗い
◎麦ご飯、焼きすぎたたらこ
◎いちご

鶏ひき肉に蓮根のすりおろし、粗く刻んだもの、塩、醤油、粗びき黒胡椒を混ぜてハンバーグにする。冷めるとハンバーグの肉汁がとろん。蓮根のすりおろしがとろみとなる。いちごは、やよい姫とかわいらしい名前のいちごでビッグサイズ。香りも味も甘い甘い。

#お弁当　#ある日の車内飯とお弁当

2022/11/1 tue.

◎赤紫蘇ふりかけおむすび
◎ブロッコリーの胡麻和え　◎マヨ玉
◎キャロットラペ
◎具だくさんみそ汁
◎ぶどう

冷凍えのき、さやから出した茹で枝豆、里芋、にんじん、玉ねぎ、生姜をさっと胡麻油で炒め、いりこ出汁を注ぎ入れて煮る。ベーコンを加えてスープにしようと思っていたら娘からおみそ汁！のリクエストが飛んできた。寒くなると汁物がうれしい。とくにみそは体を温めると言われているから、そうねそうね、おみそ汁にしよ！

#車内飯　#ある日の車内飯とお弁当

2022/11/1 tue.

◎ヤンニョムチキン風
◎ブロッコリーの胡麻和え　◎マヨ玉
◎白飯、小梅の醤油漬け
◎ぶどう

鶏もも肉は切って塩をし、葛粉をつけて油でこんがり焼いて取り出す。玉ねぎを残り油で炒めて鶏肉を戻し、トマトペーストとチリソースでからめ、醤油やナンプラーで味付け。葛の大袋が乾物棚の奥から出てきて、先日重い腰を上げてすり鉢で粉状にし、片栗粉の代わりに葛粉をぜいたくに使っている。トマトペーストもチリソースも残り少なく、消費すべく積極的に使う。胡麻和えは練り胡麻で和えた。

#お弁当　#ある日の車内飯とお弁当

2021/11/2 tue.

◎サラダ
◎冷凍パンのクロワッサン
◎みそ汁
◎ぶどうヨーグルト

サニーレタス、玉ねぎ、サラミ、チーズに、サルサソースと、オイルをかけたサラダ。お弁当とかぶっています。玉ねぎは生でかじっても辛くない玉ねぎが売っていたので買ってみた。まったく辛くないから、ちょっと物足りない気もするけど、下処理なくそのままサラダやオニオンスライスで食べられて便利ね。

#車内飯　#ある日の車内飯とお弁当

2021/11/2 tue.

◎焼き肉丼
◎ちぢみ小松菜のお浸し
◎サルサソース
◎沢庵
◎エゴマ、サニーレタス
◎ぶどう

最近、牛肉がやや苦手になってしまった娘。葉野菜で包むと食べやすいというので、葉野菜付きで。肉は脂を落としながらグリルパンで焼き、長ねぎ、玉ねぎも一緒に焼く。味付けは塩胡椒。トマトのサルサで、よりさっぱり食べられるかな。

#お弁当　#ある日の車内飯とお弁当

2021/11/15　mon.

◎ツナサラダ
◎くるみパン
◎豆腐のみそ汁
◎みかん

キャベツ千切り、わかめ、きゅうり、にんじん、ツナと冷蔵庫のサラダ具材をドサッと器に入れ、お弁当の切れ端錦糸卵も入れる。マヨネーズ、ヨーグルト、油、醤油のドレッシングをかける。みかんを忘れたと思っていたら、娘が抱えて車に乗り込んできた。

#車内飯
#ある日の車内飯とお弁当

2021/11/15　mon.

◎三色弁当
◎みかん

えび炒め、錦糸卵、キャベツの蒸し煮で三色。片栗粉を付けて焼きつけた小えびを玉ねぎ、生姜、ケチャップとコチュジャン、醤油のたれでからめる。錦糸卵は卵2個で4、5枚薄焼きを作り、半分は冷凍保存。キャベツはざく切りして塩をしてしんなりさせ、鍋で塩豚、鶏肉と合わせて蒸すおかずから取り出し一色に。

#お弁当
#ある日の車内飯とお弁当

2021/4/30 fri.

◎鮭茶漬け
◎桃シロップ漬けと
　ヨーグルト

今朝は緑茶でお茶漬け。焼き紅鮭のほぐしたもの、あられ、紫蘇、わさび。あられはスーパーのお煎餅のコーナーにあったのを見つけてから買い置きしている。サラダのトッピング、揚げ物の衣にも使う。もちろんそのままザザッと口に放り込むこともある。

#車内飯
#ある日の車内飯とお弁当

2021/4/30 fri.

◎ハムきゅうりサンド
◎卵サンド
◎ピクルス、
　桃シロップ漬け

サンドイッチを入れるお弁当箱、ピタリとハマるものが見つからず、かごに入れたり、お菓子の箱を再利用したり。今日も箱に合わせてミミのカットの幅を決める。ゆで卵は意外に水分があるから、しっかりペーパーで拭き取ってから刻む。

#お弁当
#ある日の車内飯とお弁当

2021/12/10 fri.

◎肉まん
◎お弁当の海苔巻き
　端っこ
◎りんご
◎ほうじ茶
出汁まで温めてすっかりお汁を作り忘れる。肉まんはせいろで蒸す。さっと出せる手軽なせいろを、お湯を沸かした中華鍋にひょいとのせて蒸す。野菜を蒸したり、ご飯を温めたりするのは、軽くて扱いやすい直径20㎝くらいので十分。
車内飯
ある日の車内飯とお弁当

2021/12/10 fri.

◎海苔巻き
◎野沢菜の切り漬け
◎りんご
干し椎茸の甘辛煮、だし巻き卵、茹で三つ葉を具にして海苔巻き。酢飯は最近、寿司酢を作らず、炊きたてご飯に塩、砂糖、酢をふりかけて混ぜるだけ。炊きたてだから塩と砂糖はすぐに溶けてなじむ。手荒な感じだけど、味は悪くない。
お弁当
ある日の車内飯とお弁当

2022/6/22 wed.

◎たこ焼き
◎ねぎのみそ汁
◎バナナヨーグルト
夫の出張土産の冷凍たこ焼き。わかっちゃいるけど……ついつい頼んでしまう。
車内飯
ある日の車内飯とお弁当

2022/6/22 wed.

◎椎茸の肉詰め
◎キャロットラペ
◎ロメインレタスの
　お浸し
◎梅ご飯
◎キウイ
肉だねに庭のハーブ、パセリ、オレガノ、タイム、セージ、椎茸の軸を刻んで混ぜ、椎茸に詰めて焼く。詰めきれなかった肉だねは、大小の団子に丸めて焼き、冷凍庫へ。
お弁当
ある日の車内飯とお弁当

車内飯のプロ

長年、経験を積み重ねた結果、
お茶漬けやスープかけご飯などの汁物、
小皿に盛り分けた数種類のおかず、
半熟卵やトマトソースなど
気を抜くと飛び散りそうな難易度の高い食べ物を、
車内で食べるワザを身につけた。
わずか20分足らずの車内でのごはんは、
食事をする娘と語らう楽しい時間。

車内飯を運んだかご

このかごは30年前くらいにガレージセールみたいなところで
買った記憶があるが、定かではない。
毎朝のように車内飯をセットして運んだかご。
長年使っていても壊れることなく手になじんでくれ、
よき相棒となっていたが、
今や持ち手がほどけてくるほど使い込んでしまった。

わが家の車内飯

わが家の車内飯の始まりは、娘が小学校4年生くらいからと記憶しています。一度大寝坊をしてしまい、娘を寝巻きのまま車に乗せ、制服とランドセル、食パン一枚をつかんで車に乗り込み、学校まで送って行ったのがきっかけ。「車で朝ごはん食べるのもいいね」と娘が言い出し、わたしもお弁当を作りながら、起こしてごはんを食べさせるより、自分が楽できるのではないか、駅まで車で送る時間が20分ほどあるので車の中で食べたほうがしっかり食べられるのではないかと思い、それから高校卒業まで車内飯は続きました。

娘は朝からしっかりと食べるほうでしたが、早起きが苦手で毎日起こすのもひと苦労。食べたいけどすべて食べきれず出かけることも多かったので、車内飯にしたら完食できるように。初めは車でも食べやすいものと意識して作りましたが、毎日同じようなものばかりになり、少しずつ汁物あり、丼ありとお互いに挑戦していきました。もちろんこぼすこともあったり、食べにくいと不評のときもあったりしましたが、ともに成長して今では麺もすするし、お雑煮も食べる。半熟の卵を食べるときはわたしのエプロンを制服の上に着けてごはんを食べ、車を降りるときにさっと外して「いってらっしゃい」となる。朝の献立に迷うことなく、食べたいもの、作りたいもの、作れるものを準備しました。朝からいくらご飯やローストビーフ丼なんて夕飯みたいなごはんもありましたが、それはお稽古事や塾通いなどがあって、夕飯を家で食べられないことが多くなったのもあり、朝や昼にごちそうを作ることもありました。朝から焼き肉もＯＫという娘ですので、そのあたりは迷うことなく、昨晩のおかずを朝食にすることも多かったです。

　最初は大きめのトレイにおむすびをのせたり、サンドイッチをのせたりして、ひざにのせて食べていましたが、慣れてきたら皿の数が増えたり、スープジャーに汁物を詰めたりするようになったので、かごに入れて運び、かごをひざにのせて食べるように。手付きのかごは運びやすく、食べ終わったあともそのまま後部座席に置いて、家に戻ればそのかごを持って車を降り、後片付けをするという流れ。

ある夕方、駅の駐車場で車内飯らしきトレイがダッシュボードにのっているのを見かけました。器ひとつひとつにラップがかけられていて、汁物もお椀に入っていて小鉢や漬物まで並び、まるで定食の出前のよう。この車の持ち主は家に戻る時間を惜しんで車で夕飯を食べさせて塾やお稽古事に送り出すのではないかと推測。勝手に仲間意識を感じて胸が熱くなったのを覚えています。

インスタでも、「うちも駅まで遠いので車内飯しています」って方からのコメントもあり、意外に仲間は多いのではないかと励まされました。

朝のトークタイム

以前は食卓で大急ぎで朝食を食べ、車に乗り込んで最寄り駅に到着するまで、娘はほぼ寝ていました。駅近くになってからは、「おーい着いたよー」と声をかけ、送り出す。

車内で食べるようになってからは、娘はおしゃべりしながら食べ、学校の話や連絡事項、今日の予定などなど。ときには今好きな音楽を聴きながらだったり、学校で人前で話すようなことがあれば予行演習をしたり、中2くらいまでは試験前に問題を出して答え合わせをしたり。

高校生になってからはコロナもあって思うような学校生活を送れなかったこともあり、やりたいことができず愚痴も多くなったりして、でもそれもそのときしか話せないことだったかもしれないと思うと、お互いにとても大事な時間になりました。

面と向かって話すわけではないけれど、かえってそれがよかったのかもしれません。運転席と助手席、隣り合わせだったから話しやすいこともあったはず。車で朝ごはんを食べさせるなんて「お行儀が悪いかしら」と思ったこともありましたが、電車では駅弁を食べるし、いいよねって。

密なひとときを過ごしました。

忙しい朝だから

メモを書いて備える

16年もの間、毎日お弁当作りをこなしてきた。
あれやこれやとその場で考えながら作ったこともあったけれど、
ここ最近は年のせいもあって、
前日に何を作るか、おかずリストをメモしておくように。
これがあるだけで朝の流れが、がぜんスムーズになる。
食材の使い忘れ防止にもひと役買ってくれる。

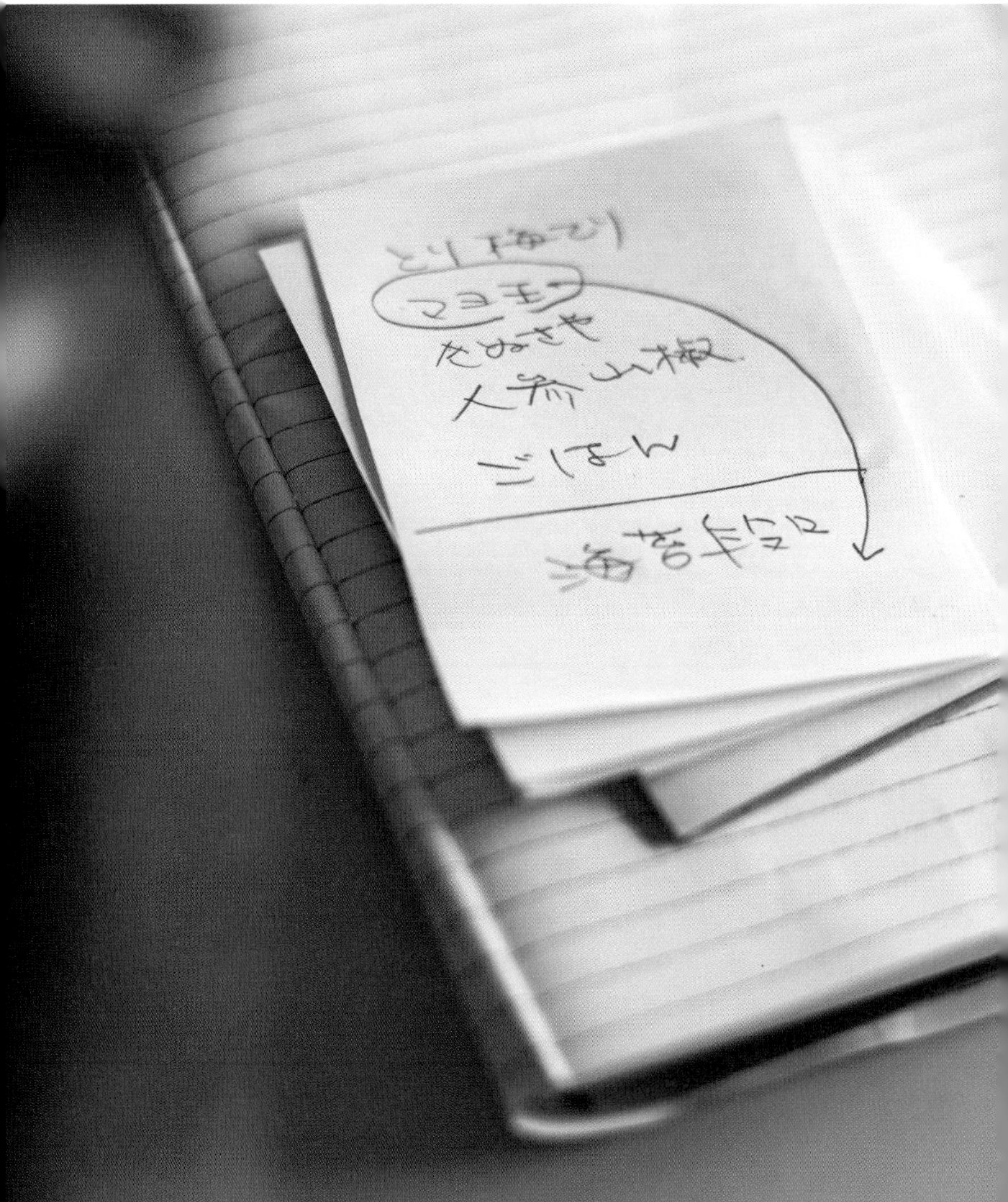
ごはん

2022/7/26 tue.

冷凍ご飯は助かる

朝起きてご飯を炊く
時間がない日には、
冷凍ご飯が大活躍。そんなときは
焼き飯やオムライスが定番。

◎焼き飯 目玉焼きのせ
◎切り干し大根の五目炒め煮
◎梨

冷凍ご飯をチンして温め、ねぎ、牛蒡、いんげん、キクラゲ、ベーコンを切って一緒に炒める。塩と魚醤で味付け。両面焼きの目玉焼きをのせる。切り干し大根はサラダとして作った味付けが気に入らず、キクラゲやじゃこを加えて炒めて別の料理に作り直した。酸味のあるサラダだったけれど、火を入れたらその酸味が旨味となっておいしくなった。

#お弁当　#冷凍ご飯は助かる

2021/10/30　sat.

◎ケチャップライス
◎ピクルス
◎野菜スープ
◎ミニどら焼き

模試でお弁当あり。試験中はお弁当なしがしみついているから、慌てる。卵のせるのも間に合わなかった。スープは昨日の残りだけど、ちょいと煮詰めすぎたので昆布出汁を合わせて調整。それもまたよし。

#お弁当　#冷凍ご飯は助かる

2020/12/15 tue.

◎焼き飯
◎茹でブロッコリー
◎オイル蒸しきのこ
◎梨

昨夜は21時就寝、疲れたときは睡眠とるのが一番の回復。今朝はすっきりと起きられた。が、メールチェックなんかしてたら、またいつもと同じ大急ぎになり、ご飯を炊き忘れる。焼き飯は卵、にんじん、豆苗を塩で炒め、最後に焦がし醤油。ブロッコリーがおいしくなってきた。塩茹でし、茹で上がりに米油を回しかけてざるに上げる。茹でたてを食べられるのは作り手の特権。

#お弁当　#冷凍ご飯は助かる

2021/10/1 fri.

◎オムライス
◎茹でブロッコリー
◎キウイ

久しぶりのオムライス弁当。昨夜はお米研ぎお休み。今朝は冷凍ご飯でチキンライスを作り、卵で包む。というかほぼ包まずチキンライスは卵にのせるだけ。返しながらお弁当箱に入れると、包まれたような状態で詰めることができる。ストンとおもしろいようにお弁当箱に入ると、気持ちがいいの。

#お弁当 #冷凍ご飯は助かる

2022/9/15　thu.

常備菜が活躍

余裕のあるときに作っておいた常備菜がお弁当や車内飯でも活躍する。そのままでもアレンジしても使える。

◎揚げ肉団子
◎レンチン茄子の練り胡麻和え
◎ほうれん草と牛肉の和え物
◎白飯、ザーサイ、赤紫蘇ふりかけ
◎シャインマスカット

夫の朝ごはん弁当はほうれん草と牛肉の和え物に、漬け卵のせ。今朝はすべて常備菜に助けてもらう。

#お弁当　#常備菜が活躍

2022/9/27　tue.

◎山椒にんじんの肉巻き
◎キャベツと三つ葉のお浸し
◎かぼちゃのサラダ
◎もち米入りご飯、醤油漬け小梅　◎キウイ

牛切り落とし肉を広げて重ね、すき焼き肉2枚分ほどの大きさに整え、塩をふる。山椒にんじんと、赤玉ねぎの薄切りをのせて端から巻き、巻き終わりを下にして焼く。全体に焼き色がついたらほんの少し醤油をたらす。粗熱が取れたら切る。かぼちゃのマッシュにハムの細切り、ピクルスを刻み入れ、マヨネーズで和える。このサラダを娘が気に入ったよう。昨日からの常備菜で献立を考える。

#お弁当　#常備菜が活躍

2021/10/28 thu.

下拵《ごしら》えが大事だね

食材を漬け込むなど
下拵えしておくと、朝は
火を通したりそのまま食べるだけ。
ひと手間がないだけで楽チン。

◎鮭の照り焼き
◎しめじとケールのお浸し
◎パプリカのマリネ
◎切り干し大根の煮物
◎新米ご飯、醤油漬けわさび　◎梨

鮭は軽く塩をしておき、焼く前に水気を取って片栗粉をつけ、油少々で焼き、味醂と醤油のたれにからめる。お浸しは半端野菜をさっと湯がいて醤油で和える。パプリカは昨晩干物を焼いた網の端で丸ごと焼き、焦げた薄皮と種を取ってマリネした。魚は火の通りが早く時短素材。

#お弁当　#下拵えが大事だね

2022/2/14 mon.

◎鶏胸肉の唐揚げ

◎絹さや、スティックセニョールのお浸し

◎こんにゃくの甘辛煮おかか和え

◎白飯、小梅

◎たんかん

昨夜、みそ作りの際にできる「たまり」で肉に下味を付ける。青い野菜は茹でて出汁に漬ける。こんにゃくは煮て保存容器に。米も炊飯器のタイマーを使って炊いた。お弁当の初日は何かと慌てるから事前の準備をしておく。それでも箸箱が見つからなかったり、水筒を忘れたり、調子が整うまで数日かかりそう。

#お弁当　#下拵えが大事だね

2021/10/26 tue.

温かくてやさしいもの

あったかい汁物のごはんは、
寒い朝には時短にもなるし、
うれしいもの。
少し食欲のない朝でも
元気いっぱいに。

◎鶏スープのお雑煮
◎切り干し大根の煮物
◎早生《わせ》りんご

寒い朝はお雑煮のリクエスト。娘好みはとろんとろんに溶けるくらいにお餅を煮る。ねぎと三つ葉、にんじん、柚子皮入り。塩と薄口醤油、ほんの少し魚醤で味付け。

#車内飯　#温かくてやさしいもの

2021/11/5 fri.

◎梅茶漬け

◎甘い卵焼き　◎沢庵

◎柿

梅干し、あられ、おかか入りの海苔茶漬けふりかけ、さらにもみ海苔を追加。今朝は緑茶を注ぎ入れた。ちょっと前なら海苔をこんなに入れると歯につくって怒られたけど、今はマスク着けてるから、気にならないのか……文句なし！あられが入るとカリカリッとして歯応えあって気に入っている。お茶漬け好き家族の常備品のひとつ。

#車内飯　#温かくてやさしいもの

2022/1/13 thu.

おいしいものを朝に

前日に食べられなかった
おいしいものを朝の活力に。
手間がかからなくて
ごちそう感のあるものはいい。

◎マグロとろろ丼
◎ほうれん草のお浸し
◎具なしみそ汁
◎キウイ

昨夜娘はお稽古事で遅く、うちで晩ごはんを食べなかったので、今朝晩ごはんのおかずを丼に。マグロは醤油でヅケにし、とろろは出汁でのばして薄く味付け。炊きたての麦ご飯にかけて食べる。

#車内飯　#おいしいものを朝に

2021/10/19 tue.

◎釜揚げしらすといくら丼 小松菜のお浸し添え
◎柿と隼人瓜のマリネ
◎みそ汁
◎早生《わせ》りんご

昨夜仕込んだいくらの醤油漬け。瓶に入りきらなかった分は味見用にガラスボウルに入れて一晩冷蔵庫で味を含ませる。いくら丼にはならない量だから、しらすと合わせて。ちょっと醤油が足りなかったみたい。瓶詰めにもあとで足しておこう。瓶詰めは冷凍庫へ。年末年始用としたいところだけど、あるとついつい食べてしまうから、また生いくらを見かけたら仕込まなくちゃ。

#車内飯　#おいしいものを朝に

忙しい朝を助けるアイテム

ミニボウル

卵を溶いたり、和え物やたれを混ぜたりするのに重宝する。金色のボウルは韓国のマッコリカップ。

まな板

少量の切りものには小さめサイズが活躍。素材が替わったらいちいち洗わずに取り換えて使うことも。

ご飯鍋

セラミック製で、普通の土鍋よりも軽くて扱いやすいので最近お気に入り。残念ながら試作品で未発売。

バット

小さなバットは切った食材を入れておいたり、火を入れたおかずを冷ますのにのせておいたりするのに便利。

卵焼き器

だし巻きをはじめとした卵焼き全般に活躍。卵3個がちょうどのサイズで銅製。長年使い込んで油がなじむ。

フライパン

直径20㎝と小さく、卵2、3個で作るオムレツや目玉焼きひとつ焼くのに便利。厚みが出て形よく仕上がる。

小鍋

直径12㎝と小さく、お湯も少なくすみ、すぐに沸く。ゆで卵を作ったり、一人分の茹で野菜を作るのに便利。

厚手鍋

直径18㎝でふた付き。揚げ鍋はこれと決めていて、深さがあり、少量の油で揚げれば油ハネが少ない。

切りものはまとめて

切りものをするときは、まとめて切っておけば、あとあと楽チン。
たとえば、にんじんなら、千切り、角切り、乱切りなど
1袋をいろいろな切り方で切っておき、
それぞれ火を通したり、軽く味付けしたりして、
使いやすい状態にしておく。
こうしておくと、いろいろなおかずにアレンジできてとても便利。
下処理した野菜は、だいたい一週間かけて使いきる。

お弁当作り16年

娘が幼稚園のプレ保育に通いだした2歳から毎日のお弁当作りが始まりました。それまでもお弁当を作る機会はありましたが、毎日、決まった時間に作る、というのは初めて。加えて幼児のお弁当ですから、とにかくお弁当箱が小さくてとまどいました。手づかみで食べてもいいもの、幸いお箸がうまく使えたので（逆にスプーンやフォークは苦手というのは、わが家ならではだったかも）、つかみやすいもの、刺してよいものを少しずつ作り詰めました。少し作るのがどうにもできずに朝ごはんと兼用だった記憶があります。朝は起こして支度をさせ、歯磨きや洗顔を手伝い、髪を整えと、台所以外のことも大忙しですから、お弁当の中身はある程度決め込んで、一週間とか、10日単位でおかずを考え、フライや肉団子はほぼ仕上げて冷凍したり、野菜を茹でたり、炒めて常備したりしておかずカレンダーを作ってました。

朝は仕込んだおかずを温めたり揚げたりして仕上げ、ご飯を詰めたり、にぎったり、当日の調理はできるだけ短時間に、一から作るのは卵料理くらいにしていました。好き嫌いなく食べる娘のおかげで多少楽できる部分はありました。この16年間で、食べ残してきたことは数えるほど。きれいに空になったお弁当箱は洗うのも苦にならない。「今日はこれがおいしかったよ」と感想をくれることも、ときには「汁気が多かったから、かばんの中にしみちゃったよー」、「パッキンがはまっていなくて水筒からお茶がもれた〜」などの苦情もひとつひとつが大事な経験でした。

幼稚園、小学校（訳あって2年間だけ給食）、中高とお弁当作りが続くと、娘との信頼関係が築けた気がするのはわたしだけかな。お弁当を作り、渡して「いってらっしゃい」。早起きして子どもが好きなものを作り、完食できるよう心を配る。寝しなに明日の準備をする。そんな姿を少なからず見てくれ、言葉はなくともお弁当でつながっていたと信じています。

最近読んだ本のなかで「愛情が伝わる料理はずばり手のなかで丸めるもの」と書いてあって、そうよそうよと大きくうなずく。「子どもがハンバーグを好きなのは、作る人の手でお肉を丸めるから。子どもがおにぎりを好きなのは、家族の手で『おいしくなあれ』とにぎるから」（加茂谷真紀著『愛のエネルギー家事 すてきメモ３０３選』すみれ書房）と綴っています。

愛情たっぷりなどと思ってなくたって、中身が素敵でなくたって、子どもには何かしら伝わっている。そう思えるようになったのは最近のこと。お弁当がもうすぐ終わりに近づくにつれ、そんな思いが込み上げてきました。

梅干しは大事だよ

梅干しはわが家の大切な調味料。梅干しだけで食べることはそうそうなく、毎日何かしらの味付けに梅干しの果肉、種を使います。

梅干しを手作りするようになってから、手間ひまかけて作ったこのひと粒を大事に食べようという気持ちになりました。種はずっとしゃぶっていてもいつまでも味が出ますよね。でも、いつも種をしゃぶってもいられず捨てていたときに、ふと煮物にポンと放り込んでみたんです。そうしたら梅の味はほとんどないんだけど、酸味が旨味になって、肉がやわらかくなった気がして……。かすかにさっぱりと食べられたような……と自己満足ですけど、これはいいと感じたときから果肉はもちろん、種も味付けに使うようになりました。

お弁当のご飯には梅ご飯がよく登場します。研いだ米３合に梅干しを２個のせて炊くだけ。炊き上がると梅干しがふっくらと膨らんでやわらかくなります。それをしゃもじでつぶすようにしてさっくりとご飯と混ぜてお弁当箱に詰めます。梅の果肉が混ざって、赤い紫蘇梅なら色合いもきれいです。夏場のご飯の傷み防止にもつながります。

果肉を使ったあとの種は取っておきます。種がたくさんたまったら、種だけ入れてご飯を炊くこともあります。果肉はないけど、ほんのり梅風味になります。出汁に梅干しまたは種を入れて煮出してから醤油や味醂を加えて梅つゆを作ったり、お吸い物の味付けに使ったり、鍋物の汁に放り込むこともあります。炒め物や煮物、蒸し物、和え物、たれやドレッシング、梅干しの味をしっかり効かせてもいいし、ほんのりかすかに梅風味にしてもいい。お弁当に入れると、ふたを開けたときにぷーんとさわやかな梅の香りが漂います。

家族の好きな味

わたしの好きなお弁当

色みが地味でもおいしさは保証付き。
醤油をしみ込ませた海苔を
ご飯の間に挟み、上にものせる。

2022/9/14　wed.

◎焼き鮭とちくわの磯辺揚げ
◎ほうれん草のお浸し
◎蓮根きんぴら、焼き椎茸
◎海苔段々
◎梨

わたしの好きなお弁当ベスト5に入る組み合わせ。海苔段々があれば、漬物添えるくらいで、おかずがなくたっていいんだよね。

#お弁当　#わたしの好きなお弁当

娘の好きな味

見た目地味でも家族が好きなのが
とろみのある食べ物。
具なしみそ汁も定番。

2022/11/10　thu.

◎野菜あんかけ丼
◎具なしみそ汁
◎りんご

もやし、キクラゲ、細ねぎ、レタス外葉、生姜、ちくわを油で炒め、塩、魚醤、薄口醤油で味付けし、水分が出たところに水溶き片栗粉でとろみをつけてから、溶き卵を合わせる。ご飯にとろんとのせる。これがわが家全員好きなんですよー。とろみ好きっていうのかな。ほんとは、焼きうどんをリクエストされていた。冷凍うどんがない、茹でうどんもない、乾麺茹でる？　いや今日はごめん。ご飯にしようとなった。

#車内飯　#娘の好きな味

2021/11/24 wed.

定番もわが家流

定番といわれるおかずも
わが家ならではの味付けや
組み合わせで楽しむ。
家族がほっとするごはん。

◎とんかつ
◎にんじんの柚子胡椒煮
◎春菊とケールのお浸し
◎白飯、沢庵　◎ラフランス

数日前から食べたかったとんかつ。3人で4枚を分ける。2枚は袋状に包丁を入れて紫蘇と梅肉を挟んで。冷凍してあったパン粉を付けたからか、ややガリガリな衣になる。糖質制限中の夫も、とんかつは別腹。ふたが閉まらないくらいとんかつを積み上げ、詰め込んで出かけました。

#お弁当　#定番もわが家流

2021/10/5 tue.

◎蓮根の揚げ浸し
◎梅の唐揚げ、ピーマンの素揚げ
◎だし巻き卵
◎水菜のお浸し
◎海苔ちらしご飯
◎梨

今日は長野県飯山市から届いた新米。わが家は一年を通してこのお米を食べている。おかずは先週娘が大絶賛してくれた蓮根の揚げ浸しをまた作る。今日はこれでもかっていうほどご飯の上にのっけた。片栗粉を纏《まと》わせて揚げ、つゆに浸すのがポイント。ピーマンのせる前に写真撮りましたー。

#お弁当　#定番もわが家流

2021/2/16 tue.

◎牛肉と玉ねぎのねぎ生姜醤油炒め
◎キャベツと豆苗の柚子醤油
◎玉こんにゃくの煮物
◎りんご

昨日のお弁当の甘酢ベースのねぎだれに生姜と醤油を追加し、玉ねぎと肉を炒めてからめる。今日のおかずはすべて醤油味だけれどひとつずつ醤油の味が違う。濃口、薄口、もう手に入らないかもしれないと言われていただいた、とっておきの醤油。家族はそこまでわかってないと思うけど、自分だけで楽しむのも日々続く台所仕事には必要と思う。

#お弁当　#定番もわが家流

2022/8/26 fri.

◎えびフライ
◎蒸し茄子のお浸し
◎ピーマンの塩昆布和え
◎白飯、沢庵、醤油漬け小梅
◎りんご

衣付けまでして冷凍してあったえびフライを揚げ、ピーマンは細切りにして塩をしてもみ、しんなりしたら塩昆布と合わせて軽くもむ。茄子は皮をむいてレンチン。やわらかくなったら冷水に取って食べやすく切り、薄口醤油とナンプラーで味付けして、おかかをかける。

#お弁当　#定番もわが家流

2021/9/16 thu.

◎コロッケ
◎茹でブロッコリー
◎梅蓮根
◎炊き込みご飯、甘酢生姜
◎プルーン

コロッケは3日かかって昨夜ようやく衣付けまで完成させる。数日前に賞味期限ギリギリな牛肉を甘辛く炒める。一昨日じゃがいもを茹でてつぶし、玉ねぎを炒めて、牛肉と合わせて味付けまでで力尽きる。昨夜ようやくパン粉付けまで終わり、今朝揚げる。時間かかったなー。たくさんできたけど、冷凍せずに今晩も揚げよう。

#お弁当　#定番もわが家流

2021/7/1 thu.

◎ハンバーグ トマトソース煮込み
◎じゃことピーマンのきんぴら
◎にんじんのバルサミコマリネ
◎梅酢で炊いた白飯
◎杏とグレープフルーツのゼリー

一昨日ハンバーグは多めに作って、お弁当の分以外は小分けにパックして冷凍。そのときは大急ぎだけど、今日は楽チン。冷凍のまま、自家製トマトソースに放り込んで煮込むだけ。杏の砂糖漬けの残りのシロップと残っていたグレープフルーツをゼラチンで固めてみた。杏の味は消え、グレープフルーツの勝ちとなったけど食べてね。

#お弁当 #定番もわが家流

2021/9/13 mon.

◎梅酢入り生姜焼き
◎ピーマンの塩炒め
◎蓮根の梅和え
◎にんじんと牛蒡のきんぴら
◎白飯
◎特大すもも

昨夜ごはんの支度と同時進行できんぴらなど作っておく。生姜焼きのたれに梅酢を入れて豚肉を焼く。加熱すると酸っぱさは感じられないけれど、後味がさっぱりする。ピーマンは種を取らず、ザクザク切って炒める。特大すももは長野の下伊那郡から。

#お弁当 #定番もわが家流

2021/10/7 thu.

◎甘長肉巻きの蒸し焼き
◎蓮根と牛蒡のきんぴら
◎だし巻き卵
◎新米ご飯
◎ぶどう

肉をカリッと焼き、甘長もフレッシュに仕上げるのも好きだが、甘長がクタクタになるまで蒸し焼きにするのも好き。作り方は同じでも少し時間をかけると違う味に出合える。きんぴらは甘辛く煮付け、バルサミコを仕上げに加えると後味がさっぱり。今日はだし巻きの味がよかった。こういうときに限って、わたしには端っこしか残らない。

#お弁当　#定番もわが家流

2021/6/18 fri.

◎梅紫蘇かつ
◎カラーピーマンと赤玉ねぎのビネガー煮
◎アスパラと絹さやの塩和え
◎白飯
◎グレープフルーツの蜂蜜和え

2週間くらい「明日は揚げる」と言い続けて先送りになっていた、ささみかつ。ようやく約束を果たせた……。自家製のしっかり酸っぱい梅干しで作るから味付けいらず。念のためお醤油を添えたけど、かけなくても十分だったみたい。夫は具なしみそ汁付き。

#お弁当 #定番もわが家流

2022/1/17　mon.

◎焼き塩さば
◎キャベツとにんじんの出汁煮
◎茹でブロッコリー　マヨ付き
◎ゴーヤーの佃煮
◎もち麦ご飯
◎りんご、キウイ

娘と夫､塩さばにハマる。夫の朝ごはん弁当には鮭のハラス焼きも。塩さばは脂があるからフライパン焼きでも皮にこんがりよい焼き色がつく。

#お弁当　#定番もわが家流

2022/5/20 fri.

◎白身魚の山椒みそ焼き
◎茹でスナップエンドウ
◎わらびのお浸し　◎キャロットラペ
◎白飯に小梅と赤紫蘇ふりかけ
◎キウイ、ミニトマト

鯛の切り身の冷凍発見。昨夜のうちに解凍し、ひと塩してしばらくおき、しっかりと水気を拭き取り、ひと口大に切る。庭の木の芽を刻み、白みそ、砂糖、味醂と合わせて、焼いた鯛にのせてもうひと焼きする。わらびは実家の両親が熱心に山菜を摘んで、長い時間かけて丁寧にアクを抜いたものを送ってくれた。

#お弁当　#定番もわが家流

2021/3/16 tue.

◎鶏胸肉の卵揚げ
◎くったりほうれん草
◎蓮根と玉こんにゃくの煮物
◎きゃらぶき　◎茹で芽キャベツ
◎大麦、キヌア入りご飯
◎たんかん

胸肉は薄くそぎ切りにし、塩と胡椒、片栗粉をまぶして溶き卵にくぐらせて揚げる。味がちょいと薄かったのでチリソースをかける。ちぢみほうれん草は蒸し焼きにして、くったりやわらかく。蓮根と玉こんにゃくは、胡麻油で炒めてから煮物に。

#お弁当　#定番もわが家流

2021/6/17 thu.

◎鶏ひきのウスターソース炒め、
茹で絹さやの千切り、
レンチン茄子の塩醤油辛子和え、
茄子皮のきんぴら、自家製紅生姜のっけ
◎白飯 一段海苔弁
◎キウイ

今週はしみしみ弁続く。常備菜だけをのっけてみた。ご飯はお弁当箱に薄く盛り、海苔を敷き詰め、また上にご飯を盛る。夫分のみそ汁はアスパラ。

#お弁当 #定番もわが家流

2021/9/28 tue.

◎白身魚と蓮根、牛蒡の揚げ浸し
◎キャロットラペ
◎モロヘイヤのお浸し
◎麦入りご飯、小梅
◎ぶどう

野菜室にある揚げられる野菜をどんどん揚げてつゆに浸す。茄子、蓮根、牛蒡、さつまいも、青唐辛子、長ねぎ、最後にお弁当用の白身魚を揚げ、油を処理して終わり。2〜3日これで過ごせそうと思うほど揚げたが、すでに少ない。家族の好物だから仕方がない。魚と蓮根、牛蒡はお弁当用に片栗粉をまぶして揚げた。衣にしっかりとつゆがしみる。

#お弁当　#定番もわが家流

こんなのも楽しいよね

今日は友達とカップ麺を食べる約束をしているんだそう。

ボトルのお湯とお箸だけ持って登校しました。

インスタ事始め

いざインスタグラムを始めると、まぁ朝のドタバタに加えてさらに投稿作業が加わり、投稿がすんだらぐったり。写真と文章はわたしが担当し、文章は手書きのメモで娘に渡し（信じられないアナログぶり！ わたしが打っている時間があまりに遅くてイライラすると娘）、メモを渡すとあっという間に出来上がっているのです。文章を確認し、投稿終了。

今思えば、投稿時間は朝でなくてもよかったでしょうし、翌日だってよかったわけで、へんなところで生真面目になりすぎて、リアルタイムにこだわっていました。そのうちに慣れてきたら、編集することも覚え、写真と文章を揃えてアップできるようになりました。読んでいるみなさんにとっては「へっ！」て思うことがわたしにとっては大問題だったんです。いい年の大人があたふたしているんですから、おかしくてしょうがありません。

スタートしてしばらくすると、よく仕事をご一緒している写真家の方に「申し上げにくいんですが、飛田さんのインスタの写真、湾曲してるんです。とっても気になるんですよー」って。

えー、下手な上に曲がってるって何？？？　指摘されてもわからないんです……。それからはこのテーブルのこの角のところの光がよい、お弁当に寄りすぎないことなどのアドバイスをいただき、今に至ります。

写真に関しては本当にいろんな方からアドバイスをもらい、それがうまく機能しているかはわからないけれど、みなさんのおかげで、わたしなりに少しずつ進歩している気がします。途中携帯もバージョンアップしました。携帯を新しくすることでさえも抵抗があって、かなり古いものを使い続けていたのです。

未来の自分を助けるもの

野菜は洗う、切る、ゆでる、調味料を合わせてすぐに食べられるおかずを作る。洗っておくだけでも時短になるので、買い物から帰ってすぐに冷蔵庫には入れずに何かしら手を加えておきます。たとえば青い野菜は茹でてあれば、胡麻和え、おかか和えにしたり、卵と合わせて焼いたり、炒め物もすぐにできます。にんじんやカラーピーマン、パプリカは彩りよくお弁当が華やかに。きのこは食べやすく切って冷凍し、凍ったまま汁物や炒め物に入れてもすぐに火が通ります。根菜は火通りに時間がかかるので、前もって仕込む。とくにきんぴらは常備菜の定番。サンドイッチ、肉巻き、卵とじなどの具として鍋いっぱい作ってもすぐなくなります。

鶏肉は余分な脂を除いて水分を拭き軽く塩をしておく、たれに漬け込む。すぐに使わない場合は冷凍庫で保存。豚薄切り肉は広げておく、塩をしておくなどして鶏肉同様、すぐ使わないときは冷凍庫へ。牛肉は冷凍方法模索中。塩だけでなく、オイルをなじませてマリネし冷凍庫に。できれば買い置きはせず、その都度買えば冷蔵庫も冷凍庫も片付くのでしょうが、今の暮らしではそうもいかないので、まとめ買いしていつでも使えるように仕度します。

魚の切り身は水気を拭いて塩をして1枚ずつラップで包む。みそ漬けにしたり、オイル漬けにしたりします。フライの予定があればパン粉まで付けて冷凍庫へ。前日に冷蔵庫に移して朝揚げるだけにします。えびは背わたを取り、殻をむいて片栗粉をまぶしてよくもみ込んでから水洗いして水気を拭く。ひき肉はそぼろにしたり、肉だねを作ってハンバーグ、肉団子、焼売にし、焼いたり、茹でたり、蒸したり、揚げたりしてから冷凍庫へ。団子を茹でたときのスープはサイコーにおいしい出汁が出るので捨てず鍋料理やスープに使ったり、炊き込みご飯の出汁にします。

千切りが好き

切るのも食べるのもどちらも千切りが大好き。

年を重ねて咀嚼《そしゃく》がつらくなってきたのも好きになった理由かもしれません。娘の離乳食作りも大きなきっかけでした。彼女のためと言いながらいつしか自分に心地よい形として千切りすることが多くなりました。

とくに牛蒡のきんぴらは極細。炒めるとしんなりとして牛蒡の口当たりがやわらかくたっぷりと食べられる。お弁当のすき間埋めやご飯の上にのせるとやわらかな分よくなじんでくれます。

撮影の仕事の際、料理に入る野菜が千切りばかりになってしまい、やり直したこともあったくらい、野菜を前にすると千切り体勢になってしまいます。

季節の味を楽しんで

旬の味覚を炊き込んで

なかなか家族が揃ってごはんを食べられないこともあり、
お弁当ならば家族３人が同じ炊き込みご飯を食べられるチャンス。
炊き込みご飯はスイッチひとつ押しておくだけで、
時間になればチーンと炊き上がり、そしてご飯が主役になるので、
少々おかずを仕込んでおけばよく、大変助かる。
もちろん、筍やふきの場合は下拵《ごしら》えの時間がかかりますが、
むしろその下拵えの先にごちそうが控えている喜びのほうが大きい。

2021/3/3　wed.

◎ひな寿司
◎吸い物
◎たんかん

ひな祭りの日は、決まってこの混ぜ寿司。夜も食べる。具材さえ用意しておけば、あとはご飯を炊いて酢飯を作るだけ。今朝も楽した！ お弁当はいくらがカニかまになる。夜は茹でえびをのせよう。

＃お弁当　＃季節のご飯

季節のご飯

炊き込みご飯にお寿司など、
季節の味覚をご飯で味わう。
旬のおいしさに
食べすぎてしまうことも。

2021/3/24 wed.

◎筍ご飯
◎黒酢醤油味のゆで卵
◎自家製紅生姜
◎たんかん

この時季の小ぶりの筍はアクが少なくてご飯向き。ご飯が主役だから、おかずは卵だけとする。うっすらおこげもできておいしく炊けた。夫も娘も木の芽好きだからたっぷりのせる。ふたを開けたときにはちょっとクチャッとしているけど、ご飯に香りと味がしみていて、それもまたいいらしい。

#お弁当　#季節のご飯

2022/6/7 tue.

◎豆ご飯、沢庵

◎焼売　◎ロメインレタスのお浸し

◎キャロットラペ

◎アメリカンチェリー、ニューサマーオレンジ

豚ひき肉に玉ねぎと椎茸のみじん切りを入れ、練り上げて皮で包む。レタスを敷いた蒸し器で7〜8分蒸す。一度に蒸し、食べきれない分は冷凍庫へ。皮が余ったら、汁物に入れたり、千切りを素揚げしてサラダやお粥のトッピングに。肉だねの余りは皮なしで蒸したり、肉団子としてスープに入れたり、焼き付けて食べる。ごく少量ならチャーハンに。地元のグリーンピースもそろそろ終わり。わが家はご飯と一緒に炊き込む派。

#お弁当　#季節のご飯

2020/8/31 mon.

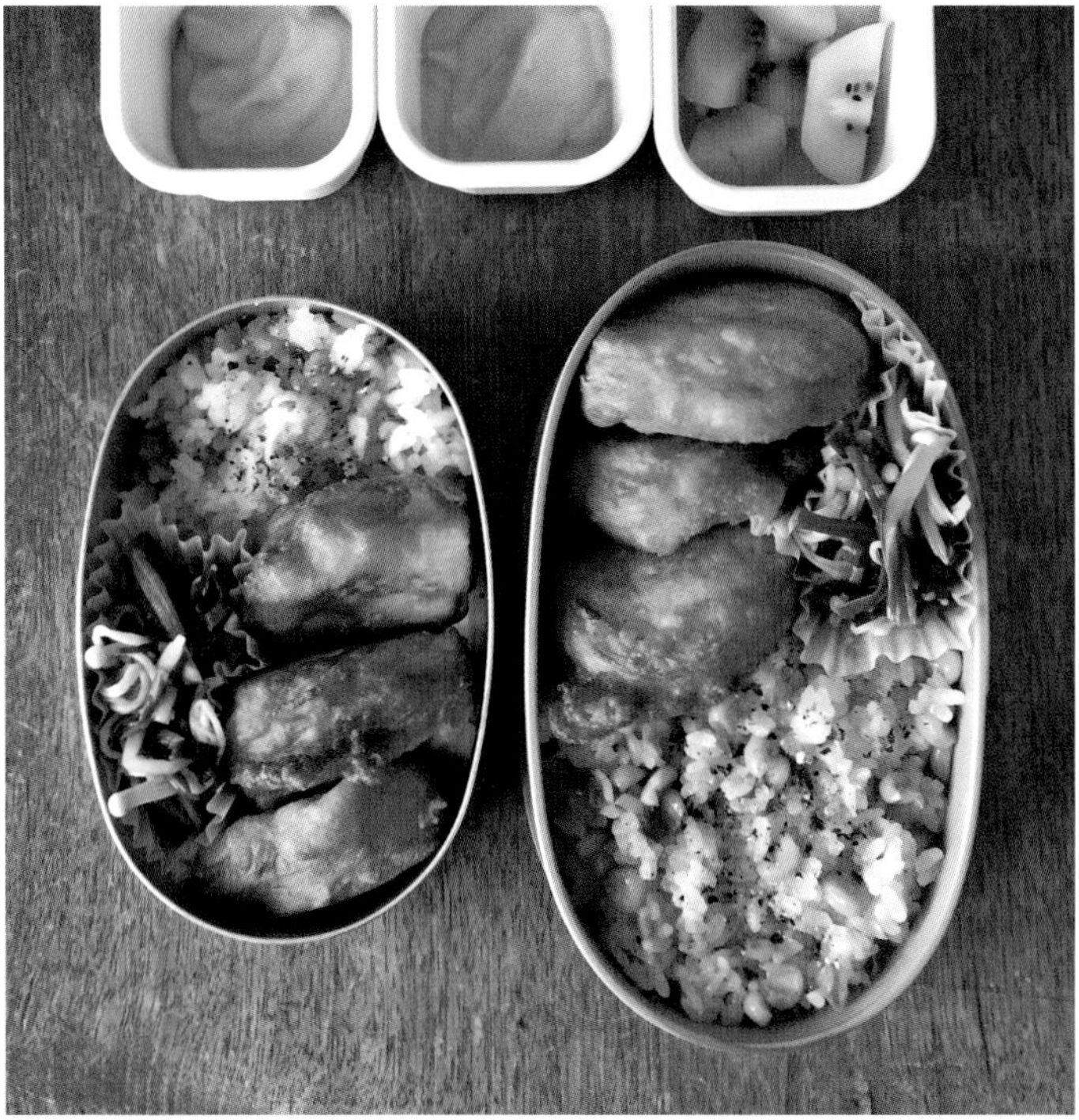

◎とうもろこしご飯
◎白身魚のフリット
　ケチャップとヨーグルトのソース
◎万能ねぎとえのきのお浸し
◎キウイ

せっせと茹でてはため込んでいたとうもろこしをご飯と一緒に炊き込む。フリットは衣の割合を変えて作る。緑野菜がなく、万能ねぎを茹でて、お浸しに。

#お弁当　#季節のご飯

2021/9/20　mon.

◎栗ご飯
◎卵焼き
◎豚肉のエリンギ、オクラ巻き
◎甘酢生姜　◎キウイ

1日だけの文化祭。今日で部活を引退するから、昨夜は遅くまで練習したり、後輩に手紙を書いたり。わたし自身はお稽古事に忙しくて中学も高校も帰宅部だったから、娘の部活へのエネルギーがうらやましくもある。悔いないようがんばってほしいな。さてお弁当は初もの、地元の栗でご飯を炊く。もち米も入れてもっちりと。張り切って大盛りに詰めてしまったけど、食べる時間はあるのか。

#お弁当　#季節のご飯

2022/2/17 thu.

◎大豆ご飯
◎えのきの肉巻きポン酢味
◎きんぴら、こんにゃくの甘辛煮
◎茹で青梗菜の塩和え
◎キウイ

薄切りの豚肉に塩をふり、えのきをのせて巻く。巻き終わりを下にして焼き付け、ポン酢を回しかけてふたをして蒸し焼き。水気が出たらふたを取って煮詰めるようにして味を含ませ、食べやすく半分に切る。先週みそ作りで茹でた豆を少し取り置き、炊き込みご飯にした。ねっとりとやわらかに茹でた豆はご飯になじんでおいしい。味付けは醤油と塩。夫は漬け卵入り。

#お弁当　#季節のご飯

2021/6/25 fri.

旬の素材を満喫する

地元でとれた旬の素材は
新鮮でおいしい。
車内飯でもたっぷりいただく。

◎しらす丼 塩もみきゅうり添え
◎みそ汁
◎グレープフルーツ、
　今朝収穫の庭のブルーベリー2粒

地元のしらすがとれ始めた！ 待ってました〜。解禁から早3か月。毎日とれないね〜、困ったね〜とぼやいていた漁師さんが昨日はいいお顔してたな。初ものはわたし好みの小さなしらす。釜揚げをどっさりと酢飯にのせて食べる。家で食べるとき、2杯目は薬味や卵、納豆、漬物など、組み合わせるのもおいしい。しらすがあると食べすぎるね。

#車内飯　#旬の素材を満喫する

2021/5/6 thu.

◎鯛茶漬け

◎いちご

昨日漁師さんからいただいた鯛。しかも三枚おろしにしてくれた。というのも、いい鯛あるから持ってけと言われたのに捌《さば》くのが億劫で、躊躇《ちゅうちょ》したから。昨夜は鯛の刺し身に、昆布締め、カルパッチョ、最後は鯛茶漬けにしようとヅケにしたけど、たどり着けず、今朝食べる。アラやお頭を焼いてから水と合わせて煮出して出汁をとり、アツアツをかけて食べる。たっぷりととった鯛の出汁は今夜わかめしゃぶしゃぶの汁として使う予定。今もまだ台所は鯛の香ばしい匂いがプンプン。

#車内飯　#旬の素材を満喫する

2022/6/20 mon.

◎トマトサーモン丼
◎豆腐のみそ汁
◎バナナブルーベリーヨーグルト

昨夜娘が食べ損ねたサーモンサラダを丼に。サーモンは塩、レモン汁、オイルでマリネしておき、トマトの角切りと一緒にご飯にのせる。ご飯には塩昆布をほんの少し混ぜておく。醤油をちょろりとかけて紫蘇を散らす。今朝はあっという間に完食。塩昆布がトマトとサーモン、ご飯をつなぐ。

#車内飯　#旬の素材を満喫する

2022/8/15　mon.

昨夜寝る前に夫が明日の朝食に茄子チャーハン作れる？ と言ってきた。テレビ番組でやっていたのがおいしそうだったと。でも、その日は茄子尽くしの献立を食べていた。蒸し丸茄子の辛子胡麻だれかけ、茄子のみそ炒め、茄子の肉巻き天ぷら……母から茄子をたくさんもらったからいろいろ作ったけれど、ほんとはチャーハンでよかったんだね。豚薄切り肉はひと口大に切って塩をもみ込む。蒸し茄子は2㎝角くらいに、長ねぎはみじん切りにする。ご飯はレンチンで温める。肉と長ねぎを炒め、ご飯を入れてさらに炒め、ほぐれたら茄子を加えて、薄口醤油とナンプラーで味を調える。料理家の家族はそれなりに大変だということ。意見をくれたり、褒めてくれたり、遠慮したり、仕事を支えてくれている。夫はチャーハンをおかわりして機嫌よく仕事へ出かけた。

2023/1/22 sun.

季節の果物を楽しむ

季節になると、
地元産やいただきものの
おいしい果物が手に入る。
お弁当にも車内飯にも
積極的に取り入れる。

◎レモンシュガートースト
◎ゆで卵
◎山盛りいちご

食パンにバターをのせ、グラニュー糖をふりかけ、トースターで焼く。焼き上がりにレモンを搾る。地元いちご農園さんのいちごが甘味と酸味のバランスがよく、おいしくなってきた。いちご狩りにも行きたいな。

#車内飯　#季節の果物を楽しむ

2022/12/16 fri.

◎柿と蕪のサラダ

◎バタートースト

おなかいっぱい柿のサラダが食べたい。娘ではなくわたしのリクエストに付き合わせた。蕪と蕪の茎を切り、塩をまぶしてしばらくおき、水気が出たら絞らず、水気をきる程度にし、切った柿と合わせ、胡椒とオリーブオイルを合わせて和える。娘には厚切りトーストにバターをのせて。

#車内飯　#季節の果物を楽しむ

2021/7/27 tue.

◎鶏ひき肉と玉ねぎのそぼろと
焼きトマト丼 甘酢生姜添え
◎茄子のみそ汁
◎桃

#車内飯 #季節の果物を楽しむ

2022/7/1 fri.

◎梅むすび、塩昆布むすび
◎鶏蒸しの大根の甘酢漬け巻き
◎きゅうりの麹漬け、ミニトマト
◎杏

#車内飯 #季節の果物を楽しむ

2022/6/29 wed.

◎鶏の唐揚げ
◎青菜の辛子和え
◎にんじんと干し椎茸の煮物
◎ちぎり梅ご飯
◎メロン

#お弁当 #季節の果物を楽しむ

2021/6/29 tue.

◎ピザトースト
◎さくらんぼ
◎紅茶

#車内飯 #季節の果物を楽しむ

2020/7/17　fri.

◎チキンサンド× 2
◎油揚げサンド
◎アメリカンチェリー、
　ミニトマト、ブルーベリー
お弁当　# 季節の果物を楽しむ

2020/9/8　tue.

◎そうめん
◎スイカ
お弁当　# 季節の果物を楽しむ

2021/9/23　fri.

◎ハムサンド、チーズサンド
◎ぶどう
お弁当　# 季節の果物を楽しむ

2020/12/8　tue.

◎甘いパン
◎梨
◎紅茶
車内飯　# 季節の果物を楽しむ

皮をむいてせっせと食べて

皮をむく果物は、
誰かがむかないと、手が伸びないもの。
気づくと食べ頃を過ぎてしまうことがあるので、
せっせと皮をむいて、朝にお弁当にと家族で食べる。
食後のデザートにも旬を取り入れて。

季節の果物を食べよう

お弁当や朝ごはんに果物を付けるのは娘の好物ということと、夜はけっこう慌ただしくて果物を食べる時間がないから朝昼に食べます。季節をおおいに感じるものであり、ごはんのあとに果物で口直しできるのもいいなと思い、続けています。

おかずよりも先に果物の用意をします。おかずを作るとほっとして、果物を忘れてしまうことが続き、ならば先に切って詰めてしまおうとなりました。切るだけのものもあれば、りんごなど変色するものは塩水にくぐらせたり、レモン汁をかけたりひと手間かけます。こうして一冊にまとめてみると、キウイの登場回数が多い。通年あるので、旬の果物がきれるとキウイをよく手に取っているようです。加えて実家の庭にキウイ棚があり、毎年たくさん実をつけたものが段ボール箱いっぱいに届くので、冬の間はありがたく食べています。

ぶどうは一粒ずつ皮をむき、みかんは皮を包丁でむいて、切って詰めることもありました。これは食べやすさを優先したというよりは果物の断面がきれい、詰めたときの様子がよいという、わたしの自己満足が強かったように思います。コロナ禍では手でむくのが気になったのもありますけれど。フレッシュな果物がないときはミニトマトを果物代わりに入れたり、日頃作っている保存食のなかから、桃や杏のシロップ煮、梅の甘露煮、ぽたぽた漬け、干し柿などのドライフルーツを入れることも。果物の保存食はお弁当を意識して作り続けてきたので、お弁当卒業となったら、どうしようか悩んでいます。

わが家の彩り弁当

茶色一色のお弁当（母は色より味重視？）で育ったので、わたしが作るときにはなんとか色みを考えて作りたいという理想はありました。ですが、いざお弁当作りが始まるとおかずのことばかり考えてしまって、副菜のことが後回しになってしまい、詰める際にもたつくことがありました。

副菜は数日分回せるように下茹でしておいたり、塩でもんでおいたりして、下拵《ごしら》えをしておき、その日の味のバランスで、調味料を加えて仕上げます。いんげんなどのさや豆類や青菜、アスパラ、ピーマン、ブロッコリーなどは旬の時季は毎日のようにお弁当箱に入ります。ただ塩茹でしたもの、胡麻や粒マスタードで和えたもの、醤油和え、さっと炒めたものなど。青みに添うように黄色の卵、にんじんのオレンジ色もよく詰めました。

青みがない！っていう日は地元の名産でもあるわかめを登場させました。茹で干しが主流で乾物なので、買い置きしやすく、お弁当以外でも一品足りないってときに助かる食材。わかめは水で戻し、急ぐときにはそのまま和え物にするほか、さっと茹でればさらに鮮やかな緑になるので、色みをしっかりお弁当に入れ込みたいときは加熱して使います。卵との炒め物、サラダ、わかめの炊き込みご飯もいいですね。

青みではありませんが、レモンなどの柑橘類をカットして入れると、見た目にもさわやかになって茶色いおかずの世界に木漏れ日差すというときもありました。

わたしのお弁当の思い出

母が作るお弁当は茶色くて色みがないお弁当でした。卵焼きもなんとなくお醤油の色が入って黄色というより茶に近く、いんげんやほうれん草もおかか和えだったり、お醤油で和えてあったり、色止めしてなかったのかな、野菜の色がきれいでなかった。それでも味はサイコーにおいしいから、なかなか文句も言えず悶々としていました。

周りのクラスメイトのお弁当はかわいい紙ナプキンやレースのペーパーで包まれたサンドイッチや、彩りのよいおかずが並んでいる……わたしのお弁当はおいしいけど……とついつい比べてしまって不満に思ったり、憧れたり。

子どもの頃の思い出です。

パンの可能性は無限大

パンと茄子の意外な相性

茄子の時季には、蒸したり、焼いたりして、トーストにのせて。しっとりジューシーでパンともよく合う。

2022/8/17 wed.

◎茄子トースト
◎きゅうりツナトースト
◎だし巻き卵
◎ピーマンの塩炒め
◎梨
◎アイスティー

茄子を縦に4等分に切り、オリーブオイルで焼き、仕上げに塩をぱらり。ツナ缶にマヨネーズを絞って混ぜる。きゅうりは縦に薄切りにし塩をしておき、水気が出たら拭く。食パンは厚めの5枚切りをトースターで焼く。焼き上がりにバターを塗り、きゅうりツナをのせ、黒胡椒をひく。もう一枚はマスタードとピスタチオペーストを塗り、茄子をのせる。

#車内飯　#パンと茄子の意外な相性

2022/9/14 wed.

◎きゅうりとレンチン茄子のせトースト
◎梨

きゅうりは薄切り、レンチン茄子は縦に手で裂いて塩、魚醤、胡麻油で和え、薄くマヨネーズを塗ったパンにのせる。最後にケーパーを散らす。

#車内飯　#パンと茄子の意外な相性

2021/3/16 tue.

具材たっぷりのっけトースト

たっぷりの野菜と肉や魚ものせて、
パンを丼飯のように楽しむ。
ちょっぴり食べにくくても
おいしさには代えられません。

◎芽キャベツとベーコンのトースト
◎鶏胸肉の卵揚げ
◎たんかん

スキー合宿が中止となり、代わりにドッジボール大会をするって張り切って出かけた。わたしの記憶ではドッジボールは小学生の遊び？体育？ではなかったか。けがのないよう楽しんできてね。芽キャベツは昨夜の夕食に茹でたものを半分に切って焼き付けた。香ばしさがほろ苦い芽キャベツに合う。

#車内飯　#具材たっぷりのっけトースト

2021/7/13　tue.

◎ピザトースト
◎カリフラワーの冷製ポタージュ
◎マンゴー

パンに薄くバターとマスタードを塗り、マヨネーズをほんの少し絞る。玉ねぎ、トマト、ハム、ピーマンのきんぴら、チーズをのせて焼く。カリフラワーは作っておいたペーストを牛乳でのばし、塩とほんの少しの白みそで味付け。ペーストはただやわらかく蒸してハンドミキサーで撹拌しただけ。作っておくとスープや付け合わせ、ソースにしたり便利。

#車内飯　#具材たっぷりのっけトースト

2022/2/25 fri.

◎トマトトースト
◎レモンシュガートースト
◎にんじんのサラダ
◎りんご
◎紅茶

食パンをトーストしてからトマトの切り口を押し当ててトマトのジュースを吸わせて塩をふり、オリーブオイルをかける。食パンにバターを塗り、グラニュー糖をパラパラ、トーストしてからレモンを搾る。

#車内飯　#具材たっぷりのっけトースト

2022/5/18　wed.

◎しらすトースト
◎ミニトマト
◎昨日の具だくさんみそ汁
◎自家製杏ジャム入りヨーグルト

食パンにバターを薄く塗り、マヨを絞ってちりめんしらすをのせ、トーストし、海苔をパラリ。今朝は和歌山産のちりめんしらす。

#車内飯　#具材たっぷりのっけトースト

2021/6/28 mon.

◎杏バタートースト
◎きゅうりハムトースト
◎さくらんぼ
◎紅茶
#車内飯 #具材たっぷりのっけトースト

2021/9/15 wed.

◎レンチン茄子、ピーマン炒め、
ハムのチーズトースト
◎プルーン
◎紅茶
#車内飯 #具材たっぷりのっけトースト

2020/9/11 fri.

◎コンビーフと塩きゅうりトースト
◎牛乳
◎グレープフルーツ
#車内飯 #具材たっぷりのっけトースト

2021/6/9 wed.

◎たらこチーズトースト
◎トマト
◎さくらんぼ
#車内飯 #具材たっぷりのっけトースト

2022/8/22 mon.

◎海苔佃煮トースト
◎塩もみきゅうり
◎梨
#車内飯 #具材たっぷりのっけトースト

2022/9/5 mon.

◎ブロッコリーペースト、
トマトとチーズのせトースト
◎茹でオクラ
◎早生《わせ》りんご
#車内飯 #具材たっぷりのっけトースト

2021/2/26 fri.

◎茹でスナップエンドウ、ゆで卵
のせトースト
◎麦飯の焼きたらこむすび
◎具なしみそ汁
◎たんかん
#車内飯 #具材たっぷりのっけトースト

2021/9/28 tue.

◎キャロットラペ、ハム、
チーズのピザトースト
◎キャラメルサレとバナナのせトースト
◎豆腐と油揚げのみそ汁
◎ぶどう
#車内飯 #具材たっぷりのっけトースト

2021/10/12 tue.

挟んでほおばる
サンドイッチ

具を挟みすぎてはちきれん
ばかりのときもある。
断面の様子もまた楽しい。
意外な具がやみつきに。

◎サンドイッチ
◎ピクルス
◎トマトスープ
◎梨

鶏のささみを酒蒸ししたものをほぐして、ケール、トマト、玉ねぎと一緒に食パンで挟む。酒蒸しは常備菜にしていて、サラダや和え物、炒め物に入れて食べる。トマトスープは昨日同様、出汁で割って温めたもの。今日はラペの切り損ねたにんじんの端っこ入り。

#車内飯　#挟んでほおばるサンドイッチ

2022/4/21 thu.

◎いちごサンド
◎ハムキャロットラペサンド
◎紅茶

ずっと食べたいと言われていた、いちごサンド。何度か用意はしていたものの、お弁当を作ってからだと時間切れでできなかった。クリームには水切りヨーグルトを合わせる。すべてがうまく進み、クリームもパンも落ち着き、切り口よし！ 見た目につられて普段は食べない夫もいちごサンドをひと切れ食べた。サンドは切り口が大事ねと反省した。甘いと、しょっぱいを合わせるのが娘好み。

#車内飯 #挟んでほおばるサンドイッチ

2022/10/18 tue.

◎ちくわのホットサンド
◎りんご
◎紅茶

パンにバターを塗り、やわらかめに茹でたブロッコリーをつぶしてのせ、ちくわを縦半分に切って並べ、マヨネーズを絞り、溶けるチーズをのせてパンで挟む。フライパンに入れ、重し代わりにお皿をのせて両面こんがりと焼く。ブロッコリーがなかなかよかった。ちょっとポロリとするけど、紙包みにしたから、娘は上手に食べていました。

#車内飯　#挟んでほおばるサンドイッチ

2022/11/16 wed.

◎エルビスサンド
◎茹でブロッコリー
◎りんご
◎紅茶

ピーナッツバターとバナナをのせたトーストの投稿を見て、友人から「エルビスサンドですね」とコメント。エルビスサンド？ すぐに検索してみるとプレスリーの好物で母親がよく作ってくれたサンドイッチとしてアメリカでは親しまれている味らしい。バナナ、ベーコン、ピーナッツバターを挟んだホットサンドとのこと。甘じょっぱいものが大好物な娘にピッタリ。

#車内飯　#挟んでほおばるサンドイッチ

2022/1/14 fri.

◎油揚げホットサンド
◎黒酢あん煮込みハンバーグ
◎卵ほうれん草炒め
◎キャロットラペじゃこ入り
◎具なしみそ汁　◎キウイ

#車内飯　#挟んでほおばるサンドイッチ

2020/7/31 fri.

◎マヨコーンチーズドッグ
◎きゅうりの糠漬け
◎マンゴー
◎紅茶

#車内飯　#挟んでほおばるサンドイッチ

2022/6/23 thu.

◎厚切りベーコンでBLTサンド
◎きゅうりの麹漬け
◎ブルーベリーヨーグルト

#車内飯　#挟んでほおばるサンドイッチ

2022/11/7 mon.

◎たっぷりレタスとハムのサンド
◎柿、ミニトマト

#車内飯　#挟んでほおばるサンドイッチ

2021/11/8 mon.

◎手作りツナのサンド
◎焼きいちじくパン
◎じゃがいも、ブロッコリー、
　玉ねぎのポタージュ
◎ぶどう　◎紅茶
#車内飯　#挟んでほおばるサンドイッチ

2021/5/6 thu.

◎ハムサンド
◎目玉焼きサンド
◎いちご
#車内飯　#挟んでほおばるサンドイッチ

2021/11/9 tue.

◎かぼちゃパンのだし巻き卵サンド
◎きのこソテー、トマトのせ
　オープンサンド
◎具なしみそ汁
◎梨
#車内飯　#挟んでほおばるサンドイッチ

2021/6/17 thu.

◎レンチン茄子のホットサンド
◎トマトのみそ汁
◎梅のシロップ煮のせヨーグルト
#車内飯　#挟んでほおばるサンドイッチ

2022/11/21 mon.

◎ハムと卵のロールパンサンド

◎具なしみそ汁

◎りんご

茹で時間なく……かなりの半熟ゆで卵をロールパンに挟む。
制服にエプロン着けて娘、車に乗り込む。

#車内飯　#挟んでほおばるサンドイッチ

2021/4/24 sat.

◎フレンチトースト
◎トマトとラディッシュ、ハムマリネ
◎水切りヨーグルト

昨晩から卵と牛乳、きび糖を合わせたものに、硬くなったバゲットを浸しておく。仕上げにメープルシロップをかけて。水切りヨーグルトをつけながら食べるのが好み。

#車内飯　#フレンチトースト

サンドイッチの紙包み

主に車内飯で食べることの多いサンドイッチは
ワックスペーパーで包んで、食べやすいように気を配る。
もちろん、具がこぼれやすいときには、
エプロンの装着を忘れない。
パンが入るお弁当箱が見当たらないときは、
果物が入っていた空き箱を再利用。
ピッタリ収まると気持ちがいい。

組み合わせの妙を楽しむ

「えーっ、ちくわとパンですかー」、「油揚げ入りサンドイッチって！」、「みそ汁にレタス？」、「お浸しにレタスもいいんですね」、「納豆とパンかー」、「サンドイッチにみそ汁？」……そんなうれしいコメントをいただきます。

とくにパンに和食材を合わせるのはなじみがないからか、反応がおもしろい。

幼い頃に食べさせてもらったちくわの磯辺揚げを挟んだパンは近所の店の惣菜パンの一番人気で、ソース焼きそばやナポリタンを挟んだパンもよく食べました。祖母と暮らしていた頃はパン食でも必ずおみそ汁が付きました。カレーにも、グラタンにもみそ汁。当時はかなり抵抗ありましたけどね、大人になったら同じことをしていました。そんな食生活が根っこにあったからか、18歳で一人暮らしを始めたときには自然と和食材とパンの組み合わせを作って食べていました。ご飯のおかずはパンにも合うはずという勝手な持論から、油揚げも納豆もパンにのっけ、ひじき煮も白和えも、おからを炊いたものもパンに挟んで食べます。

もちろん単体だけでなく、ハムやソーセージ、チーズとの組み合わせもあり。お金のない学生生活から生まれた味でもありますし、今の住まいがとても不便なところであることも、組み合わせの妙をおおいに楽しむきっかけにもなっています。食材が揃っていなくても、ないならないなりに作る。初めての組み合わせにはどうだろーっていう小さなドキドキとワクワクがある。一人で小躍りしてガッツポーズをするときもある。日々そんな繰り返しがわたしの台所仕事を支えてくれています。

おいしくできるものもあれば、二度目はない！ってものもありますが、大抵はおいしかったものばかり。口に入るもの同士ですから、食べられないほどの失敗はそうそうないはずと信じています。

おかずのヒット作

娘から何度もリクエストされたのは、にんじんの山椒和え。キャロットラペのアレンジをあれこれ作り、いよいよにんじんが飽きられるのではないかと、彼女の好きな山椒を入れて作ってみたら大好評。にんじんの千切りに塩をしてしんなりとさせたら、白ワインビネガーをほんの少しと粉山椒と胡麻油を和えるだけ。レモンがあれば搾ることもあるし、山椒の実の醤油漬けを軽くたたいて加えたりもします。これは何度作っても明日も同じでいいよと言うくらい気に入ってくれました。

わたしのなかでのヒット作はマヨ玉。卵をほぐすのも、味付けもフライパンの中でできるので、洗い物が少なくてすみ、気に入っています。目玉焼きを作る要領で温めたフライパンにオイルをなじませます。卵を割り入れ、少し火が入り始めたら、黄身をつぶすようにぐるぐると白身と混ぜます。そこにマヨネーズを円を描くように絞って、パタリと二つ折りにして出来上がり。お弁当のときには中までしっかりと火を通し、冷ましてから二つか、三つに切ってお弁当箱に詰めます。

どうしてこんなふうに作るようになったのか、まったく覚えていませんし、意識して作ったものとは到底思えません……。きっと卵焼きを作りたかったのに、うっかり卵をフライパンに割り入れてしまったとか、目玉焼きではうまくお弁当に詰められないと判断して急遽フライパンの中で混ぜてしまったとか……そんなことだと思うんです。

時間に追われているときの瞬発力で新たな味ができることってありますものね。

ミニトマトはご法度

すき間を埋めるのにとても便利なのがミニトマトですが、夫がトマトは冷たく食べるものと思っているので、お弁当に常温トマトは入れてくれるな、と言います。ですが、娘の好物でもあり、最近のミニトマトは甘く、果物みたいですから保冷剤を付けて冷たくすればよいよねと、果物として入れることはありました。

夫に聞くと、おかずとおかずの間に挟まっているのがどうにもイヤみたいなのです。そして、夏場は生ぬるい。人には好みがありますから、日頃は押しつけがましいわたしですが、イヤと言われたことは控えています。

果物には真冬以外は保冷剤を付け、小さな保冷の袋に果物容器を入れて持たせました。

おむすび大好き

おむすびは一度ににぎって
ストックを作る

今朝いつもよりも1時間も早く出て、
朝ごはんを学校で食べるとのこと。
梅干しを入れて炊き込んだ梅ご飯に
たらこを忍ばせてにぎる。
娘のおむすび以外はただ塩だけでにぎり、
1個ずつラップで包んで冷凍庫へ。
ストックしておくと便利なのよねー。

2022/8/17　wed.

いろいろな形で
おむすびを

ご飯の炊き方、
にぎる具や巻くもので
おむすびの味も見た目も
いろいろ変わる。

◎梅むすび
◎焼きソーセージ
◎ピーマンの塩炒め
◎だし巻き卵
◎梨

始業式はまだですが、今日から登校。梅干しを入れて炊いたご飯でおむすびをにぎり、海苔で巻き、白胡麻をふる。

#お弁当　#いろいろな形でおむすびを

2022/5/10　tue.

◎肉巻きおむすび
◎茹でいんげんとオクラ
◎沢庵
◎パイナップル
つまんでパクッと食べられるお弁当。雑穀ご飯にひじき、切り干し大根、干し椎茸の乾物ミックス佃煮を混ぜてひと口ににぎる。赤身の牛肉で包んで焼き、甘辛味でからめた。今朝は切り落とし肉で。重ねればなんとか包める。
#お弁当　#いろいろな形でおむすびを

2022/7/13 wed.

◎焼きおむすび
◎ちくわきゅうり
◎きゅうりの糠漬け
◎桃

冷凍おむすびをレンチンし、米油を合わせてフライパンで焼く。今朝は少し余裕があったので、おむすびの側面も焼いた。焼き上がりに醤油と自家製麦みそを塗る。

#車内飯　#いろいろな形でおむすびを

2022/5/6 fri.

◎雑穀おむすび
◎サラダ
◎沢庵　◎キウイ

昨夜春キャベツを千切りし、軽く塩しておいた。甘酢玉ねぎ(朝昼晩食べてる!)、トマト、ハム、茹で鶏、茹でスナップエンドウを加えてサラダに。オリーブオイル、レモン汁、胡椒で味付け。娘は来週末のダンスイベントまで朝練、昼練に忙しいから簡単に食べられるものをリクエストされている。コロナで2年間中止だった合唱祭が、今年はダンスイベントとなって復活。まだみんなで歌を歌うことは許されないらしい。夫は焼き肉付き。

#お弁当　#いろいろな形でおむすびを

2022/5/9 mon.

◎高菜おむすび
◎だし巻き卵
◎千切りキャベツ、にんじん、きゅうりの塩もみ
◎パイナップル

近所の直売所で買った高菜漬けの葉の部分を広げておむすびを包む。炊きたての雑穀ご飯に生明太子を入れて混ぜた。高菜は浅漬けで、青々しい味がする。コメントで玉ねぎが高い！って書いてくださった方がいらした。確かに昨日買い出しに行ったスーパーの玉ねぎの値段に驚く。幸せなことに毎日食べているうちの新玉は近所の直売所のもの。いつも通り、お財布に優しいお値段。大事に食べよう。

#車内飯　#いろいろな形でおむすびを

2022/10/25 tue.

◎梅おかか赤紫蘇混ぜおむすび
◎柚子大根甘酢漬け
◎ピーマンの肉巻き
◎だし巻き卵
◎にんじんの胡麻煮
◎豆腐のみそ汁
◎りんご

今朝はわたしも娘と一緒に車内飯。東京へ行ってきます。炊きたての新米に梅肉、削り節、赤紫蘇のふりかけを混ぜてにぎる。これ大好きな味だから握ったそばからパクパク食べて……さらに車内でも。今朝は食べすぎたな。

#車内飯　#いろいろな形でおむすびを

2020/9/16 wed.

◎おむすび（梅おかかチーズ）
◎サラダ
◎いちじく
#お弁当 #いろいろな形でおむすびを

2020/7/28 tue.

◎焼きおむすび（もち麦ご飯）
◎本瓜の粕漬け
◎具だくさんみそ汁
#車内飯 #いろいろな形でおむすびを

2022/9/8 thu.

◎焼きおむすび
◎焼きソーセージ
◎おでん
◎具なしみそ汁
◎桃
#車内飯 #いろいろな形でおむすびを

2022/8/3 wed.

◎甘酢生姜入りおむすび
◎ピーマンの塩炒め
◎ねぎ入り卵焼き
◎きゅうりの糠漬け
◎トマトの冷やみそ汁 ◎梨
#車内飯 #いろいろな形でおむすびを

2022/5/19　thu.

◎ソーセージむすび
◎梅つゆで作っただし巻き卵
◎梅つゆととろろ昆布の汁物
◎杏ジャムヨーグルト
#車内飯　#いろいろな形でおむすびを

2021/9/17　fri.

◎おむすび（焼きたらこ）
◎甘い卵焼き
◎きゃらぶき
◎特大すもも
#お弁当　#いろいろな形でおむすびを

2021/5/10　mon.

◎塩むすび、
　赤紫蘇ふりかけむすび
◎丸麩のみそ汁
◎ヨーグルト
#車内飯　#いろいろな形でおむすびを

2022/6/14　tue.

◎紫蘇巻きおむすび
◎卵焼き　◎きゅうりの麹漬け
◎にんじんみそ和え
◎豆腐のみそ汁
◎ブルーベリーヨーグルト
#車内飯　#いろいろな形でおむすびを

2022/5/2 mon.

海苔巻きと稲荷寿司

切ったときの断面がきれいな
海苔巻きは重宝する。
稲荷寿司は
油揚げの煮物が活躍。

◎海苔巻き
◎えのきの梅煮
◎甘い卵焼き
◎キウイ

沢庵、甘酢生姜、きゅうり、干し椎茸の出汁煮、白胡麻を巻いた海苔巻き。和菓子が入っていた竹の皮の箱に詰める。細巻きにするつもりがどうも酢飯が多くなる。

#お弁当 #海苔巻きと稲荷寿司

2021/7/19 mon.

◎牛肉の甘辛炒め、サンチュ、エゴマ、
沢庵の海苔巻き(酢飯)
◎マンゴー

朝練があると言うのでいつもより1時間早い出発。先週お弁当お休みしていたから、準備整えておいたのに、炊飯器のタイマーがかかってなくて結局のところ大慌て。巻くまではわたしがやり、切り分けは娘。娘を送って帰ってきてから、夫分を切り分け、端っこは朝ごはんとしてわたしが食べた。宮古島のマンゴー、今朝で終わり。最後の1個だというのに冷やしすぎてところどころ甘味が抜けてしまった。もったいない……。

#お弁当　#海苔巻きと稲荷寿司

2022/10/31 mon.

◎稲荷寿司 沢庵添え
◎豚汁
◎マスカット
昨日のインスタライブスタッフのお昼ごはんに稲荷寿司を準備し、たくさん油揚げを煮たので、しばらく稲荷に助けてもらえそう。豚汁は昨日の残りをポットに入れて持たせる。わが家の豚汁はなんでもあり。豚肉さえ入っていれば組み合わせは限りなくある豚汁なので、季節の野菜で作ります。実家の家庭菜園から届いた里芋がすばらしくおいしかった。すぐに煮えてねっとり、むっちり。
#お弁当　#海苔巻きと稲荷寿司

2022/11/27 sun.

◎稲荷寿司 大根の醤油漬け添え
◎えのきと三つ葉の麦みそ汁
◎りんご

冷凍してあった稲荷寿司もこれで終わり。たくさん包むのは大変だったけど、何回朝ごはんや、夜食で助かったか。なくなるとまたこの甘辛味が恋しくなる。今朝は辛子を添えて松本名物辛子稲荷で、おなかを満たして出かけていった。

#車内飯 #海苔巻きと稲荷寿司

お弁当作りの強い味方

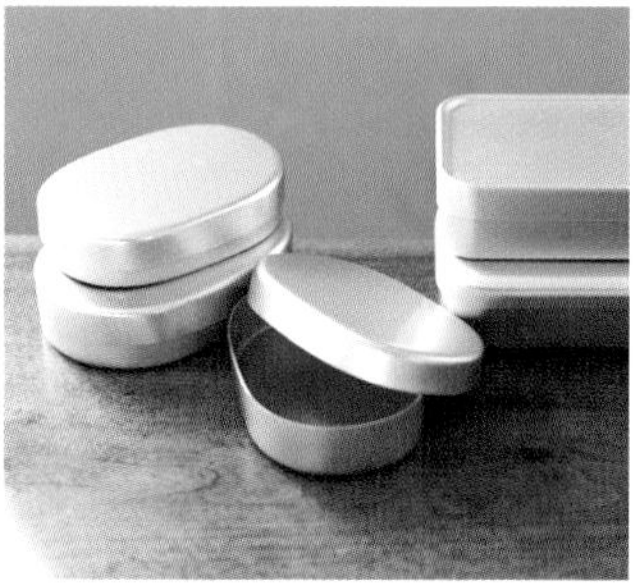

アルミ弁当箱

軽く、ご飯やおかずがほかの素材よりも冷めるのが早い。チャーハンやオムライスなど油もののときに使用。

わっぱ

見栄えがよいからよく登場。ご飯の余分な水分も取ってくれ、箸の当たりも優しい。

プラスチックのかご

軽くて、食べ終わると折りたためるのが便利。サンドイッチやおむすびなどを入れるのに使う。

ステンレス弁当箱

油の多いものを詰めるときに活用。やや重めなので娘から苦情も多々あり。丸い形は意外と詰めやすい。

スープジャー

冷まさずに作りたてを入れられて画期的。かつ丼、天丼、卵丼などの具を入れ、ご飯とセットで持っていく。

小さな保存容器

果物など、デザートを入れるのに活用。ずっと使っていたものは壊れてしまい、途中、世代交代した。

紙カップ、ピックなど

仕切りは基本使わない。味が混ざりたくないときだけ紙カップを使用。ピックは色みを補ってくれる役割も。

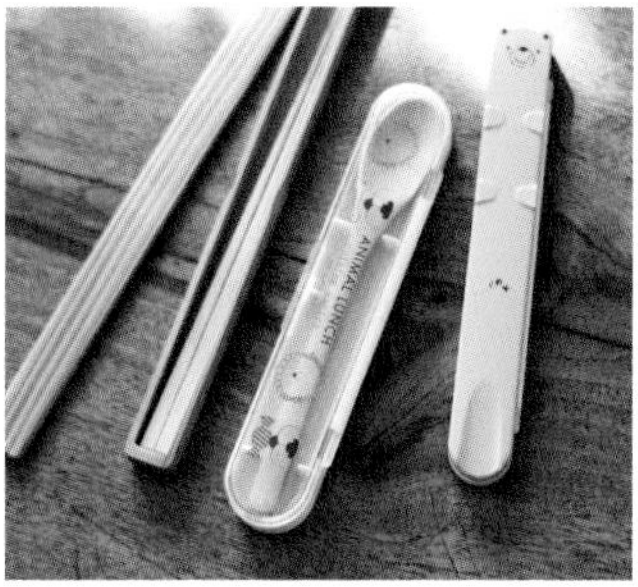

箸入れ

小さい頃に比べれば、箸もだんだん長いものを使うように。スープジャーのときにはスプーンが活躍する。

お弁当を素早く冷ます

お弁当作りで意外と時間がかかるのが、
じつはご飯やおかずを冷ます工程。
冷めにくいときや急いでいるときは、
大きめの保冷剤を敷いて、詰めたお弁当をのせておく。
出かける支度をしている間にほどよく冷めるので、
ふたをして出かける。

忙しい朝を乗りきるワザ

うーん、ワザなんてないんです。強いて言えば不便な地に住まいを構えているものですから、何か足りない、これがないと作れないってことは考えない。買いに行っている時間に拵《こしら》えられるものがあるはず、という考え方でしょうか。

じゃがいも1個あったなら、卵1個あったならと、あるものでなんとか拵える術はこの十数年のお弁当作りで鍛えられました。もちろん買い物に行けば、肉をまとめ買いして下拵えし、冷凍庫に入れておく、野菜は買ったら茹でておく、切っておくなど時間の余裕があるときにしておくなど、少しずつごはん作りの準備をためておく。それはお弁当に限らず必ず日々の献立の助けになることが身にしみてわかっているから、すき間時間の台所仕事は大切にしています。

たとえばにんじんを千切りにした際に最後のほうが切りにくくなる。そこを無理に切って時間をかけるより、切りやすいカタチで切っておく。千切りは塩を軽くふっておき、別のカタチに切ったにんじんは出汁で煮ておくとか。これは牛蒡や蓮根など硬めの根菜類を切るときのわたしなりのやり方。端っこって切りにくいから無理なことはしない。長ねぎの白い部分はよく使うけど、青い部分はそのままにしておくと使い勝手がないから粗みじん切りにして醤油と合わせてねぎだれを作っておいたり、玉ねぎも半分残ったらそのままにせず、薄切りにして甘酢に漬けておくなどなど、ついでの作業を積み重ねていく。朝ごはんとお弁当の同時進行も、30分くらいで両方を仕上げることも、この積み重ねのおかげで成り立っています。ときにはそれらの手助けがまったくなくて、一から作ることだってあります。ずっと続けてきたことですから、その日その日でできる限りのことをすればよいと思えるようになっていました。以前は朝起きてぱっと冷蔵庫を開けて、「今日はこれ作ろ」ってすぐに動けたんですが、最近は朝台所に立って「えーっと何作るんだったかしら」と一瞬戸惑うこともあって、前の晩に冷蔵庫の中をぐるりと見て、おかずリストをメモ書きするようになりました。メモしておくって心強いんですよ。あれこれ考えなくても動けますから。

朝はまず、白湯を沸かすと同時にご飯を炊き始めて、白湯を飲みながら頭をしっかり起こして、果物を切り、おかず作りに進む。果物を最後にすると忘れがちなのでそういう順番になりました。炊きたてのご飯を詰めて冷ましながら、果物を詰め、メインのおかずを冷まして詰め、すき間に副菜を詰めていく。

お弁当作りの合間に朝ごはんの準備。お弁当のご飯やおかずを冷ましている時間って結構ありますから、合間も手を動かし続けます。

そして写真を撮り、お弁当は冷めきってないときは出かけるギリギリまで冷ましてナプキンで包んでおしまい。朝ごはんはかごにセットし玄関に。せっかく作った朝食を、テーブルや台所に置いたままにしてしまい、車に乗り込んでから「忘れたー」ってまた戻ることもありましたっけ。長いお休み明けは箸や水筒を忘れがちだから、前の晩にメモと一緒に置いておく。失敗があってもやりきって送り出せば、達成感に包まれる。毎日今日も無事送り出せたって思えるなんてなかなかない経験じゃないかしら。もちろん疲れたー、眠ーいは当たり前。それを達成感に変えてくれたのはインスタだったかもしれないなって思います。

それと、もうひとつの達成感は限られた時間内だからこそ生まれるエネルギーってこと。「あーこれしかないけどどうしよう」ってときの決断力がつき、新たな味が誕生したり、いつもと違う調味料を合わせてみたらこっちのほうが好きってなったり、決まった時間内に仕上げる料理は日々挑戦みたいな気持ちが少なからずあるなって思います。

スープジャーに感謝

　お弁当作りで一番の助けとなったのはスープジャーの出現です。その名のとおりスープを入れて温かいものは温かく、冷たいものは冷たく食べられる優れもの。水筒と違い、口が広くスプーンを入れて食べられるところが画期的な代物でした。何度助けてもらったことでしょう。

　お弁当は基本的に中身を冷まします。それが冷まさず作りたてを詰めていいので、大急ぎのときにはスープジャーが登場。まず熱湯を注ぎ、温める間に汁多めのおかずを作る。カレーやシチュー、豚汁、かつ丼、天丼、卵丼、親子丼、牛丼など汁ごとスープジャーに入れ、ご飯だけお弁当箱に詰め、漬物を添えるくらいで完成。これは娘に好評でした。お弁当のレパートリーが広がりましたね。

卵ってすばらしい

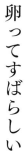

卵に助けられて

卵さえあればなんとかなる。
そう思って卵だけはきらさず、買い置きしている。
肉や魚が何もないときは卵の出番。
野菜を入れて具だくさんのオムレツ、
蟹はないけどカニかまやちくわで蟹玉風な卵焼き、
炒めたご飯を薄焼き卵で包んだオムライス、
野菜との炒め物などなど。
卵は火通りも早いので、時短素材でもある。
黄色い色みもよく、副菜、主菜と大活躍。

2022/2/18 fri.

とろとろ卵のどんぶり

車内飯だと、
作ってすぐ食べられるから、
半熟のとろとろ卵を
最高の状態で！

◎半熟卵焼きトマトのっけご飯
◎じゃがカレー炒め
◎長ねぎの黒酢マリネ
◎蕪の糠漬け
◎きゅうりの酢の物
◎みそ汁
◎りんご

薄口醤油だけで味付けした卵をふんわり胡麻油で焼いてご飯にのせる。最近のお気に入りで塩味か、薄口醤油だけの味付け、胡麻油がいい仕事をしてくれる。あとは野菜を切っただけ。おみそ汁は昨夜の残り……。なんとか間に合った！

#車内飯　#とろとろ卵のどんぶり

2021/11/25 thu.

◎ひき肉炒め混ぜご飯 とろ卵のっけ
◎ズッキーニの糠漬け
◎トマト
◎きのこのみそ汁
◎ラフランス

とろ卵は娘の分はマヨ入り、夫は塩味で。卵は味が濃いから調味料は少なめがよい塩梅。卵は溶かずに、フライパンの中でグルグルッと混ぜる。撮影で季節外れの野菜を使っている。一昨日使ったズッキーニの残りは糠漬けに。

#車内飯 #とろとろ卵のどんぶり

2021/6/14 mon.

たっぷり卵のっけ飯

卵はたっぷりの具材をとじたり、
出汁を入れて焼けば
ボリュームのあるおかずに。
火の通りがよく
時短食材なのもいい。

◎ベーコン、ニラ入り卵焼き
◎蓮根セロリのきんぴら
◎たたき牛蒡の黒酢煮
◎茹で絹さや
◎海苔段々
◎桃シロップ煮、庭のブルーベリー1粒

海苔段々の味付けは一段目のみ醤油をたらし、二段目は海苔のみ。冷凍してある焼売にしようか迷ったけど卵もたくさんあるし、ニラを早く使いきりたかったので、こちらを選択。

#お弁当　#たっぷり卵のっけ飯

2022/9/7 wed.

◎天津風卵焼き
◎蓮根と茗荷の甘酢漬け
◎白飯
◎キウイ

具は塩豚のローストの端っこ、長ねぎ、玉ねぎ、シブレット。冷蔵庫にあるものを切って炒め、卵液に入れて多めの油で焼くだけ。塩豚の味がしっかりするのであんはかけなかったが、今になってほんのり酸っぱいあんをかけてもよかったかなと思う。蟹も筍も椎茸も入ってない天津風である。蓮根は薄切りにしてさっと湯がき、保存食の茗荷の甘酢漬けと、その漬け汁を合わせて味をなじませたもの。

#お弁当　#たっぷり卵のっけ飯

2022/10/17 mon.

◎だし巻き卵丼

◎ピーマンきんぴら

◎椎茸の塩炒め

◎具なしみそ汁

◎ぶどう

出汁をたっぷり入れた卵焼き。味付けは醤油のみ。炊きたての新米に海苔を散らし、ふわふわに焼けた卵をのせる。

#車内飯　#たっぷり卵のっけ飯

2022/12/7　wed.

昨夜、朝ごはんは明太子とチーズをのせて焼いたトーストのリクエストがあった。そこにお弁当箱に入らなかっただし巻き卵をのっけてみた！　こういうときに意外な組み合わせが生まれるんだよな。慌てていて娘の感想はまだ聞けていない。

2022/10/13 thu.

◎卵かけご飯
　焼きたらこ、沢庵添え
◎茹でブロッコリー
◎豚汁
◎ぶどう

#車内飯　#卵のバリエ大集合

2022/11/14 mon.

◎ちくわダブルエッグ丼
　千切りキャベツ添え
◎沢庵、ザーサイ、水キムチ
◎具なし麦みそ汁
◎りんご

#車内飯　#卵のバリエ大集合

2022/11/30 wed.

◎ケチャップライス
　スライスゆで卵のせ
◎キャベツ、セロリ、にんじんの
　お浸し
◎りんご

#お弁当　#卵のバリエ大集合

2022/9/3 sat.

◎ミニトマト、
　ピーマン入りオムレツ
◎梅ご飯むすび
◎きゅうりの麹漬け
◎プルーン

#お弁当　#卵のバリエ大集合

2020/9/14　mon.

◎漬け卵丼
◎大根の漬物
◎豆腐のみそ汁
◎りんご
#車内飯　#卵のバリエ大集合

2021/9/30　thu.

◎ベーコンエッグ 玉ねぎ、
　エリンギのソテー、
　茹でブロッコリーのせ
◎麦ご飯　◎ねぎのみそ汁
◎ブルーベリー、ぶどうのヨーグルト
#車内飯　#卵のバリエ大集合

2022/11/15　tue.

◎焼き飯 やわらか炒り卵のせ
◎キャベツとにんじんのサラダ
◎りんご
#お弁当　#卵のバリエ大集合

2022/10/28　fri.

◎オムライス風 沢庵、
　茹でブロッコリーのせ
◎にんじんときゅうりの酢の物
　しらすのせ
◎キウイ
#車内飯　#卵のバリエ大集合

最後までおいしく食べきる

2020/7/3 fri.

◎豚肉と昆布の甘辛炒め
◎ズッキーニの塩炒め
◎揚げ煮 山椒風味
◎にんじんの甘酢胡麻和え
◎梅入りもち麦ご飯
◎ブルーベリー

出汁をとったあとの昆布を冷凍庫にためている。ときどきこうして肉や魚介と炒めたり、佃煮にしたりする。

#お弁当 #最後までおいしく食べきる

始末の料理

日々の料理で生じる
半端な食材や煮汁などの
副産物を、少しの工夫で
食べきるのはおもしろい。

2022/5/18 wed.

◎中華粥

◎揚げ春巻き

◎甘酢野菜　◎春菊の胡麻だれ和え

◎キウイ、ミニトマト

酒蒸しした鶏胸肉、筍、もやし、冷凍椎茸を炒めて味付けし、片栗粉でとじて春巻きの皮で包む。鶏の蒸し汁と、昨日の冷やご飯を鍋に入れてお粥を作り、熱湯を入れて温めておいたスープジャーに入れる。わたしの朝ごはんのお粥にはこれまた残り野菜のレタス、香菜、浅葱入り。新たに作るものもあれば、昨日一昨日作ったもの、切ったものがつながってお弁当や朝ごはんになる。

#お弁当　#最後までおいしく食べきる

2020/7/2 thu.

◎鮭の黒酢醬油焼き
◎野沢菜古漬けの炒め煮
◎玉ねぎの炊き込みご飯
◎卵の包み焼き　◎茹でおかひじき
◎アメリカンチェリー

一昨日の肉じゃがの煮汁を調味料にして玉ねぎと一緒にご飯を炊いた。ご飯が焦げていたのが残念だが、味はまあまあ。卵の包み焼きは目玉焼きを半分に折りたたむようにして焼いたもの。茹でおかひじきはただ塩茹でしたもの。ほかのおかずとのバランスでポン酢や醬油をからめたり、おかか和えにしたり。

#お弁当　#最後までおいしく食べきる

2021/12/3 fri.

◎ケチャップライス 錦糸卵のせ

◎小松菜のお浸し　◎蓮根きんぴら　◎みかん

残り物のオンパレード。長ねぎの青い部分、塩きのこ、にんじん、小松菜、トマト、ベーコン、冷凍ご飯でケチャップライスを作り、冷凍してあった錦糸卵をのせる。昨晩お米研ぎをサボった。レンチンは手軽だけど、慌てるとパサつく。レンチン後すぐに取り出したり、容器やラップから出したりせず、ひと呼吸置いてから中のご飯を出すとしっとり温まっているみたい。こうするようになってから、ややレンチン率が上がった。代わりに取り出し忘れてそのまま放置してしまうことも増えたけど……。

#お弁当　#最後までおいしく食べきる

2022/2/16 wed.

◎天かすおむすび
◎蕪の糠漬け
◎豆腐のみそ汁
◎たんかん

昨日のお弁当で作った磯辺揚げの残りの衣で天かすを作っておいた。炊きたてのご飯に加え、醤油をひと回し。さっと混ぜておむすびにする。これをたぬきおむすびとも言うそうな。天ぷらを具にする天むすとはいかないけど、サクサクッと歯触りのよい天かすでもおいしくできる。

#車内飯　#最後までおいしく食べきる

出汁を作りおく

昆布といりこ、昆布と鰹節などで作った出汁は
専用のポットに入れて常備している。
みそ汁をはじめ、だし巻きや煮物にすぐ使える。
一番出汁をとったら二番出汁をとって、
残った昆布も最後までおいしく使うように心がけている。

海苔段々の日

お弁当のメインおかずの味付けはやや濃いめに。と言ってもしょっぱくではなく、しっかりと味が付いていると言ったほうが正しいのかな。

そして副菜はただ茹でただけの野菜を入れたりしてメリハリをつけます。おかずによっては控えめにしたいときもある。そんなときは副菜にしっかりと味付けしてぼんやりした味わいにならないようにして、すべてのおかずでご飯がすすむように作ります。最初は茹で野菜には味を付けて、マヨネーズ付けてと言っていた娘も味のバランスをとりながら食べられるようになったと言ってくれるように。

おかずがさびしいときは海苔弁の出番。地元では海苔弁を海苔段々と呼びます。海苔とご飯を重ねて、段々にして作るからでしょうね。かわいいネーミングが気に入って、わが家でもそう呼ばせてもらっています。

まずご飯をお弁当箱に薄く詰めてご飯が温かいうちに海苔をちぎってのせ、醤油を回しかけ、もう一度ご飯を敷き詰め、海苔、醤油の順に合わせます。海苔をちぎるのは醤油がしみやすくなることと、海苔がお弁当箱の裏に張り付かないようにするため。友人宅では海苔はちぎらず、きれいにハサミでカットし、醤油に一枚一枚くぐらせてご飯にのせると聞き、やってみたら醤油の味がしっかり海苔とご飯にしみていて、おかずいらず。海苔弁がごちそうになりました。

とはいえ、忙しい朝のお弁当には、そう手も時間もかけられないので、海苔はちぎるのが精いっぱい。時間のないときは海苔はちぎらずご飯にのせて、箸の先で何か所か穴をあけて醤油をたらす。これでも十分おいしいのは、炊きたてのご飯と海苔、醤油の絶対的な組み合わせだから。海苔とご飯の間におかかを散らしたり、梅肉や赤紫蘇ふりかけをまぶしたり、といったアレンジもありです。

具なしのみそ汁

娘は具なしのみそ汁が大好きです。いつからこんなことを言い出したか忘れてしまいましたが、おみそ汁好きの娘に「今日、おみそ汁の具何がいい？」と聞いたら、「何にも入れないで、具なしがいい」と言われた日から、わが家のみそ汁レパートリーに具なしみそ汁が加わりました。娘は出汁も、みそも大好き。自宅でみそ作りをしていることもあり、手伝うようになってから一層みそ好きになったみたい。そのおいしいふたつの組み合わせがあればいいという考えと、お弁当や車内飯の場合には、みそ汁はコンソメスープのようにスルスルと飲めるのがいい、具が邪魔になることもあると言うのです。子どもって思いもよらぬことを言うものですね。ぐっと心をつかまれました。

じつはわたしも子どものときには具なしが好きだったことを思い出しました。茶碗蒸しは出汁と卵だけ、薬味の三つ葉くらいがのっているのが好き。具が入っていると卵の部分が少なくなってしまう気がして母にわたしの分には具を入れないでと頼んでいました。ルウで作るカレーもゴロゴロとじゃがいもやにんじんが入っているより、野菜がもうトロトロッと溶け込んだようなカレーが好きだったり、ナッツが入ったチョコレートやドライフルーツが詰まった焼き菓子は別々だったらもっとおいしいのにと思っていました。グラタンはマカロニがほんの少し入っているくらいで、ホワイトソースたっぷりが好きだったな。さすがにみそ汁は具なしでとは言いませんでしたが、確かに上澄みだけ飲んで、具を残し気味ではあったような……。おかしなところが似るものですね。

続・わたしのお弁当の思い出

母がよく作ってくれた海苔弁はお弁当箱を開けると海苔がぺたりとふたの裏に張り付いていて、その海苔をはがすときの情けなさというか、切なさというか、当時はそんな気持ちになったのを鮮明に覚えています。

にんにくを効かせた甘辛味のおかずはおいしいけれど、朝からプンプンと匂って恥ずかしかったな。母がにぎるおむすびは、いつもまあるいコロンとした形で、塩がなじんでいておいしかったな。遠足のときはおむすびとサンドイッチどちらも食べたくって、おかずはいらないから「鮭むすび」と「卵サンド」をリクエストしたな。そしてなぜだか遠足のときには甘い麦茶が水筒に入っていたな。

ごはんの記憶は忘れられません。

たまには麺もね

勝手に麺弁当の一週間

一週間毎日、冷たい麺のお弁当を作った記録。
いろいろ試してみるのが楽しい。

2022/7/4 mon.

◎冷やし中華

◎キウイ、今朝収穫のブルーベリー

きゅうり、ハム、甘辛煮の干し椎茸、トマト、薄焼き卵、紅生姜のせ。たれは醤油、砂糖、酢、レモン汁、練り胡麻、胡麻油。麺を茹でて冷水で締めて水気を絞ったら、胡麻油で和えて器に入れ、ラップをしてその上に具材を入れた。レンチンしたもやしをすっかり忘れる。せっかくひげ根取りもしたのに……。たれ入れはパッキンの付いた無印良品の容器。汁気のあるものを持ち歩くときに便利にしている。保冷剤を付けて、保冷バッグと二重にして持たせてみた。

#お弁当　#勝手に麺弁当の一週間　#1日目

2022/7/5 tue.

◎半田麺

◎キウイ

昨日の冷やし中華は保冷剤と保冷バッグ二重の効果でお昼まで冷えたまま。おいしく食べたよと娘に言われて気をよくし、そうだ今週は冷やし麺弁当週間にしようと決める。暑くてお弁当何作ろうっていうのもなかなか思いつかずにダラダラしていたから、テーマを決めるといいかもしれない！ということで、2日目は大好きな半田麺。冷たいつゆをポットに入れ、茹でた麺は冷水でよく締めて、おかずの仕切りにひと口ずつ丸めて入れる。きゅうりの塩もみ、トマト、もやしの甘酢和え、長ねぎと万能ねぎのかき揚げ、薄焼き卵をトッピング。今日の冷え具合はどうだったかな。

#お弁当　#勝手に麺弁当の一週間　#2日目

2022/7/6　wed.

◎そば稲荷
◎海苔かまぼこ　◎自家製甘酢生姜
◎キウイ

高校生のときに暮らした長野で食べた思い出のそば料理のひとつ。そばを海苔で巻いた海苔巻きもあったな。懐かしい味を再現してみた。きゅうりの塩もみ、紫蘇、ハム、薄焼き卵、自家製紅生姜、椎茸の甘辛煮、三つ葉、練りわさび、柚子胡椒、ほんの少し胡麻油をまず和えておく。そばを茹で上げ、冷水で締めて水気を絞り、具材と麺つゆを合わせて和える。甘辛く煮ておいた油揚げに詰める。昨夜娘に明日のお弁当ちょっと楽しみにしていてねと伝えたのに、自分がワクワクしすぎて「そば稲荷〜そば稲荷〜」と鼻歌を口ずさんでしまい、娘にバレバレ！ 久しぶりにお弁当作りに燃えている。

#お弁当　#勝手に麺弁当の一週間　#3日目

2022/7/7　thu.

◎ガスパチョソースのカッペリーニ
◎アメリカンチェリー

ガスパチョはトマト、赤パプリカ(一昨日皮を焼いてむいた)、きゅうり、玉ねぎ、種を除いたアメリカンチェリーをミキサーにかけてペースト状にし、塩で味を調える。チェリーを入れるのは、外食の際にシェフに教わったもの。お店の味とはいかないものの甘味と酸味がトマトとよく合う。これを昨日仕込んで冷蔵庫で冷やしておいた。カッペリーニは、茹でて冷水で締めて水気を絞ったら、オリーブオイルを合わせて和え、お弁当箱に詰め、トマト、きゅうり、ハムをのせる。ソースをかけながら食べる。茹でオクラに牛しゃぶしゃぶ肉を巻いたおかずはガスパチョに合うかどうかわからないけど、昨夜のおかずを入れてみた。

#お弁当　#勝手に麺弁当の一週間　#4日目

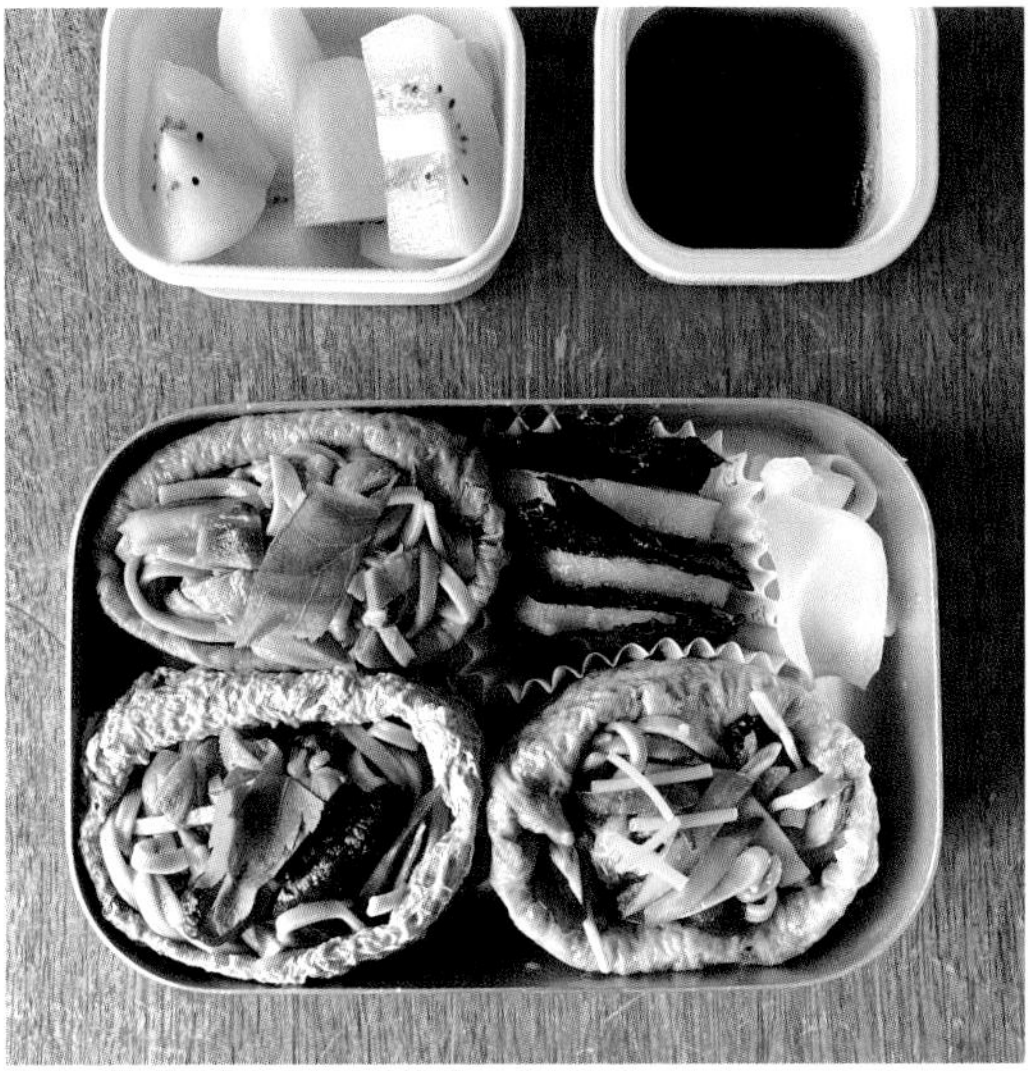

2022/7/8 fri.

◎肉みそうどん サルサソースがけ
◎アメリカンチェリー

冷たい麺弁当最終日。結局は麺や味付けが変わっているだけで、合わせる野菜はほぼ同じだった。おかげでいろいろ買わずに、野菜を余すことなく使い果たせた。今日は牛肉を甘辛く味付けし、香菜とサルサソースをたっぷりと合わせて混ぜて食べる。サルサはトマト、玉ねぎ、ピーマンを粗く刻んで、レモン汁と塩を合わせてしばらくおき、水分がグッと出てきたら冷やしておいたポットに詰める。麺つゆをほんの少し添える。今日は太めの讃岐うどん。

#お弁当 #勝手に麺弁当の一週間 #5日目

2022/7/11 mon.

◎黒酢だれの冷やし中華
◎キウイ

娘のリクエストにより、冷たい麺料理週間延長。鶏胸肉の酒蒸し、レンチン茄子、レンチンもやし、焼きパプリカ、香菜を茹でて冷やして締めた中華麺にのせる。麺が固まらないよう胡麻油を和えておく。たれは黒酢、醤油、砂糖、長ねぎ、白すり胡麻、生姜、ピーナッツ、粉山椒を混ぜる。夫は半田麺、香菜苦手なので浅葱を散らす。

#お弁当 #勝手に麺弁当の一週間 #期間延長

2022/9/26 mon.

車内飯も麺を堪能

車内飯には
汁物の麺も登場する。
車内飯のプロだから
なせるワザか!?

◎酢橘そうめん

◎塩もみきゅうりとキウイ入りヨーグルト

昨夜リクエストがあり、今朝は半田麺を茹でる。酢橘の薄切りをたっぷりのせた冷やし麺に、ポットに入れた冷たいつゆを少しずつかけながら食べる。お弁当のおかずのキャベツのお浸しを添えて。ヨーグルトは、最近娘が気に入っている塩味で。きゅうりは塩もみし、キウイと一緒にのせて、オリーブオイルと黒胡椒をカリカリ。これだけでも朝ごはんになるくらいのボリュームになった。

#車内飯　#車内飯も麺を堪能

2022/6/28 tue.

◎トマトうどん

◎メロン

昨夜のうちにトマトを湯むきし、塩麹とオリーブオイルでマリネしておく。長野県飯田市の麹屋さんでごちそうになって以来、ハマっている。ごちそうになったとき、マリネの容器にトマトの汁やオイルがたまっていて、その汁さえも飲み干したいくらいだったのだが、遠慮してしまった。うちで作れば遠慮はいらない。そうめんにからめたり、うどんにかける。炒めた肉と一緒にご飯にのせて食べてもおいしかった。

#車内飯　#車内飯も麺を堪能

2020/10/2 fri.

◎もやしとニラ、カラーピーマンの焼きそば
◎プルーン
わたしがどうしようもなく食べたくなって朝から醤油焼きそばに。もやしとニラ、カラーピーマン、半分残っていたきゅうりも細切りにして一緒に炒める。蒸し中華麺はほぐさず袋から出したカタチのまま、こんがりと焼きつけ、自然とほぐれてきたら醤油を回しかけて香ばしさをつけ、炒めた野菜を合わせる。黒酢をかけて食べる。
車内飯　# 車内飯も麺を堪能

2021/12/14　tue.

◎ソース焼きそば
◎具なし麦みそ汁
◎キウイ

リクエストのソース焼きそば、豚肉、キャベツ、もやし、窓辺栽培の豆苗、冷凍椎茸、ザーサイ入り。ソースを鍋肌から入れて少し焦がし気味にしてみた。隠し味に醤油。ソースの味が立つ。

車内飯　# 車内飯も麺を堪能

2019/11/5 tue.

記念すべき1回目の投稿なんだから、もう少し気の利いたものをアップすればよかったのでは……今頃になって反省してもしょうがありませんが、お弁当や朝ごはんの中身より「投稿」という初めての作業に緊張し、慌てまくったことは忘れもしません。一日中投稿画面を確認していました。いくら見たって変わらないのにおかしいでしょ。雑誌や書籍作りはスタッフみんながひとつになって、企画から校正までをしっかりとやり遂げ、世の中に送り出す。それがインスタはポンと投稿ボタンを押しただけでみなさんの目に触れることになる——震えましたね。それに慣れるまでにどれだけ時間がかかったことか……。少し続くと今度は「車内飯ってなんですか」というコメントが多く寄せられるように。そうね、そうよね。これはなんだろうと思われても仕方がありませんもの。わかりづらいところもインスタならではなかろうかと付けた造語。「車内って電車の中で朝ごはん食べるんですか」っていう声が一番多かったな。うれしいコメントにひとりうなずき、にんまりしていました。

おわりにかえて

インスタグラムを始めて3年、まずは投稿をスタートすることに必死だったのが、みなさんの投稿もフォローして眺めるように。お店のこと、仕事のこと、趣味のこと、旅先からの投稿だったり、日々の思うことを綴るものもあったりして、学ぶことも多くありました。ちょっぴり遅いデビューではありますが、恥ずかしながら推しのインスタに夢中になったりして「こんな世界があったんだー」と日々感心するばかり。

自身の投稿は、初めは写真を撮り、お弁当や朝ごはんの中身はなんであるかを書き出すだけ。そのうち娘とのやりとりを一言、二言記したり、料理の作り方を簡単に書き込んだりするように。コメントをくださる方も多く、最初のうちは読むだけで精いっぱい、お返事したい気持ちはあってもなかなかできずに心苦しく思っていました。ここ半年ほどは気持ちの余裕ができ、どんな方なのかなーと想像しながら返信をしています。これもまた楽しいのです。温かい励ましがあったり、「こんなふうに食べています」、「こんな味付けもありですよー」、「たんかんの切り方は？」などなど。おいしいものに対する熱いメッセージはおおいに参考になり、すぐに実践したこともあります。諸先輩の子育てのコメントには泣けてくる日もありました。

梅干しの種は捨てないで、キャベツの芯や外葉も食べよーなど、普段の仕事では伝えきれない部分を見ていただけるのが何よりうれしい。続けるうちにこの投稿には隠れテーマができていました。無駄なく、おいしく調理すること。毎日のお弁当と朝ごはんのご飯やおかずが何かしらでつながっている。同じ食材でも調理方法や合わせる調味料が違ったり、おかずのアレンジであったり。連続投稿することで見えてくるものがあります。加えていつしか高校生の娘との関わりを記した日記にもなっており、卒業の日まで車内飯とお弁当をアップしました。

仕事のようで、仕事ではない。それでもやるからには料理の盛り付けや写真の写りが気になったりして、正直インスタを意識して作っていた部分も少なからずあったと思います。がんばりすぎず、カッコつけすぎず、かといってくだけすぎてもいけない。この小さな画面からどう発信していくか、みなさんとどうつながっていくか、いつも心に留めながら続けました。

２０２３年３月　飛田和緒

車内飯を運ぶかごの持ち手部分が、娘の卒業まであと少しのところで壊れた。布を裂いたリボンに接着剤を付けてグルグル巻きにしたら、最後までなんとか使えそうな状態に。

#番外編　#最後の車内飯　#卒業

2023/3/7　tue.

高校生最後の日。卒業おめでとう。3年前の中学の卒業はコロナ禍に巻き込まれていつの間にか卒業、高校入学となったから、お赤飯どころではなかった。入園の日から始めたお祝いの日にはお赤飯！ 久しぶりに炊いたから、炊飯器の調整がいまひとつできてなくて底がほんのりとおこげではあったけれど、おいしく炊けた。機能充実のあまり、火加減や仕上がりのボタンを調整しないと具の入るご飯が焦げることがある。とはいえ、蒸し器で作るのは時間がかかるので、今日はスイッチひとつで炊ける炊飯器に頼った。日頃お世話になっているママ友にもお赤飯を詰めてお渡しした。出張や、具合が悪くてお弁当が作れない日に、たくさん助けてもらった大事な仲間たち。ありがとうの気持ちを込めて。そして、このインスタを毎日見てくださったみなさんにもお礼をお伝えします。

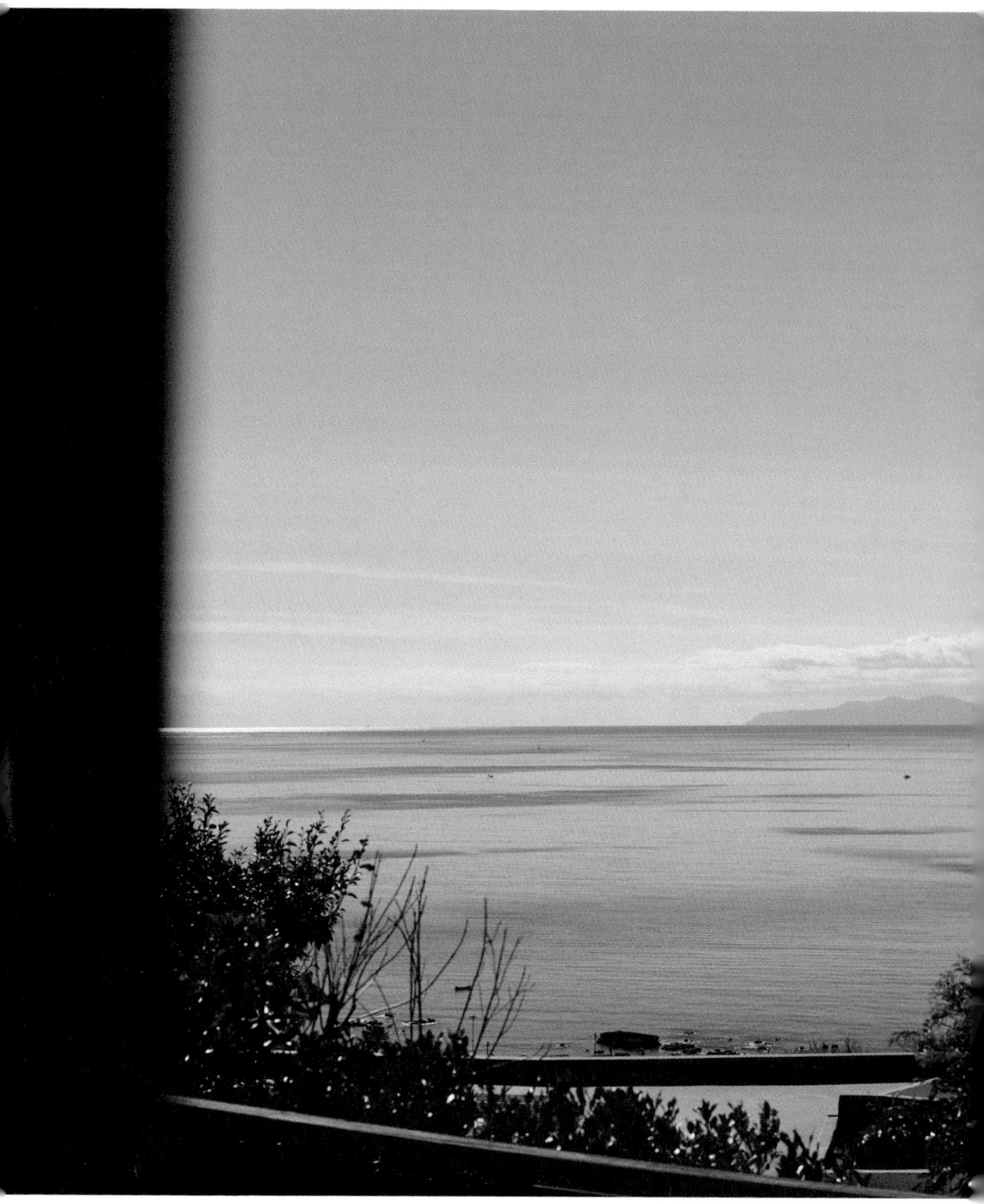

飛田和緒（ひだ かずを）
東京都生まれ。高校3年間を長野県で過ごし、山の幸や保存食のおいしさに開眼する。現在は、神奈川県の海辺の町に暮らす。夫と大学生の娘の3人家族。近所の直売所の野菜や漁師の店の魚などで、シンプルでおいしい食事を作るのが日課。気負わず作れる、素材の旨味を活かしたレシピが人気の料理家。
Instagram　@hida_kazuo

デザイン　塙 美奈［ME & MIRACO］
撮影　飛田和緒　難波雄史
校正　小出美由規
DTP　ビュロー平林

おいしい朝の記憶

発行日　2023年4月12日　初版第1刷発行
2023年7月10日　第2刷発行

著　者　飛田和緒
発行者　小池英彦
発行所　株式会社 扶桑社
〒105-8070　東京都港区芝浦1-1-1　浜松町ビルディング
電話 03-6368-8870（編集）
03-6368-8891（郵便室）
www.fusosha.co.jp
印刷・製本 タイヘイ株式会社 印刷事業部

ISBN 978-4-594-09412-6

本書は、2019年11月から2023年3月までにInstagramに投稿された内容をもとに
一部加筆修正して制作しています。